COVSTVMES DV BAILLIAGE DE SAINCT-MIHIEL.

Avec les Ordonnances faictes sur le style, & reglement de la Iustice, au Siege dudict Bailliage, & és inferieurs y ressortissants.

REDIGEES

Par escrit par Ordonnance de Serenissime Prince CHARLES *par la grace de Dieu, Duc de Calabre, Lorraine, Bar, Gueldres &c. Et homologuées par S. A. au mois de Nouembre, 1598.*

ENSEMBLE,

Les Articles rehomologuées par son ALTEZE à present regnant, en sa Ville de Nancy le vingt-troisiesme iour du mois de Iuillet, Mil six cens & neuf.

A SAINCT-MIHIEL,

Par IEAN DV BOIS, Imprimeur de son Altesse,

M. DC. XXVII.

A SON ALTEZE.

ONSEIGNEVR,

Comme toute la puiſſance que le Prince Souuerain a, vient du Ciel, auſſi faict la Iuſtice que Dieu luy a mis en main, & la ioinct tellement à l'Eſtat, que ſans icelle il ne peut ſubſiſter. Car cõme elle eſt populaire & neceſſaire pour toute ſocieté & Communauté (comme dit le Philoſophe en ſes polytiques) ſans elle il n'y a moyen de contenir en vnion vn peuple composé de perſonnes tant diuerſes en qualitez, mœurs & conditions, & n'y a rien en quoy le Souuerain ſe puiſſe mieux cõformer à la diuine eſſence, que par la Iuſtice, laquelle le rend cõme vn Dieu entre les hommes: qui quand ils la voyent emprainte & reluire en luy cõme vn eſchantillon de la diuine, en l'admirant ils ſe conforment à la vie d'iceluy & à ſes ſainctes Loix, qui leur ſeruent de patron, & d'exemple, & deux. meſmes ſ'vnient les vns aux autres en charité & amour, & à leur Prince en toute obeyſſãce deuoir & beneuolence. Les Romains iadis floriſſans en Republicque, congnurent les effects d'icelle, lors que pluſieurs peuples aymoient mieux ſe ſubmettre à leur bonne & droicturiere Iuſtice, que de retenir leur liberté, ou de commander aux autres. De telle force & vertu eſt la Iuſtice, qui ſeule fait regner le prince Iuſticier & ſa poſterité Aux Prouerbes 29. *Le Throſne du Roy qui iuge en verité, ſera eſtably perpetuellement.* C'eſt pourquoy ce grand Empereur Iuſtiniã apres auoir obtenu tant de ſignalées victoires, & reduict ſi methodiquement, & en ſi bel ordre le droict Ciuil, auparauant ſi ample & confus diſoit que la Majeſté Imperiale ne deuoit pas ſeulemẽt eſtre ornée des armes, mais armée des Loix, en mettant le principal appuy, & toute l'aſſeurance de l'empire en la Iuſtice, & l'ornement és armes. Semblablement voſtre Alteze, pendant tant de troubles & de guerres n'a eu ſoin ſeulement de defendre & fortifier ſes places & frontier (comme elle a faict autant ou plus que pas vn de ſes predeceſſeurs] mais ſes principaux deſſeins ont touſiours eſté de remettre & cõſeruer la Iuſticei [Mere de la paix] en ſa ſplendeur & bauté naturelle. Ce qu'elle a faict par l'eſtabliſſement des Preſiddent & Conſeilliers en ceſte belle Cour

Souueraine des grands iours de S. Mihiel, la rendant par ce moy. en fixe & parmanente, par l'homologation des Coustumes reueuës & repurgées si diligemment par les deputez (l'esquelles auparauãt pour leur incertitude causoient vne infinité de procez, & de frais pour la verification d'icelles] & des Ordonnances faictes sur le stile, par lesquelles, les Iustices & Ministres d'icelle sont reiglez, la forme des procedures prescrittes, & les delays surperflus retrãché, de sorte vostre Altesse à rendu lesdittes Coustumes & stile notoires à vn chacun, fermé la porte à beaucoup de procez, & asseuré à vn chacun d'auoir à peu de despens bonne & briefue Iustice. Et comme du passé ceux qui tascheoint de se rendre capables pour faire seruice au public estoient contrains d'aller chercher la cognoissance des bonnes lettres, sciences & facultez ez pays estrangers, & bien souuent au hazard d'en rapporter quelque opinion suspecte & dangereuse, tant à la Religion qu'au repos publique : Vostre Altesse y a autant sainctement qu'vtillement prouueu par l'erection de ceste tant fameuse & renommée Vniuersité du Pont-à Mousson, vray siminaire, non seulement de la Religion Catholique, Apostolique & Romaine, & de Iustice: mais aussi de toutes vertus, laquelle produict tous les iours, & produira à iamais tant de belles & sainctes plantes en l'Eglise de Dieu, & au bien de vostre estat. Et pouuõs dire que vostre Altesse à par la grace du puissant chassé & banny de ses pays. l'ignorance, l'heresie & l'iniustice, & nous à asseuré & noz successeurs d'estre bien-heureux de viure sous vn Prince si Catholique, si bon & si Iusticier lequel & toute sa Noble posterité Dieu fera regner à iamais, & bornera ses païs contre ses ennemis, d'vne bonne & saincte paix, comme tous l'en supplions de tout nostre pouuoir, & prions

MONSEIGNEVR.

De benir toutes vos actions, & vous donner & à toute vostre Noble lignée des sainctes graces. De vostre Ville de Sainct Mihiel, ce premier iour de Feurier, Mil cinq cens nonante neuf.

Vostre tres-humble & tres-obeïssant suject, & seruiteur.

IEAN BOVRGEOIS.

COVSTVMES DV BAILLIAGE DE SAINCT MIHIEL.

DE L'ESTAT ET CONDITION des personnes.

TILTRE PREMIER.

ARTICLE PREMIER.

Es personnes residantes audict Bailliage sont Nobles, ou non Nobles.

II.

Les Nobles sont celles qui sont procreés de Pere & Mere Nobles, ou de Pere Noble, & de Mere roturier, ou qui ont obtenu de nostre souuerain Seigneur, Monseigneur le Duc, lettres & priuilege de Noblesse, ou celles qui sont issuës & extraictes de pere non Noble, & d'vne mere Noble, ayans trnoncé & quitté à la ſucceſſion paternelle.

III.

Laquelle renonciation ſe doit faire par celuy qui eſt majeur de vingt cinq ans dedans quarante iours apres le decez de ſon pere, ou de la notice d'iceluy Et par le mineur dedans quarante iours apres qu'il aura attainct l'aage de majorité: Et ce pour au profit de noſtredict ſouuerain Seigneur, & par deuant Monſieur le Baiily de Sainct-Mihil, ou ſon Lieutenant: Le Procureur General de Barrois preſent, ou appellé pour l'acte qui en ſera faict & expedié, eſtre puis apres par celuy qui aura faict laditte renonciation repreſenté à noſtre-dict Seigneur, à ce d'obtenir la iouyſſance du priuilege de Nobleſſe. Quoy nonobſtant les heritages de la ſucceſſion paternelle, à laquelle il aura ainſi renoncé, demeureront affectez aux rentes & autres charges reelles, dont ils eſtoient chargez auparauant, enuers ceux à qui elles ſont deües.

IIII.

L'homme Noble anoblit ſa femme, de ſorte que la femme non noble & roturiere qui a eſté mariee à vn hôme Noble, pendant ſa viduité iouyr du droit & priuilege de Nobleſſe, tant & ſi long temps qu'elle ne ſe remarie auec vn roturier.

V.

Pareillement la vefue d'vn qui estoit à cause de son estat, charge ou office, ou autrement franc immun & exempt de tailles, & autres redeuances & prestations personnelles, iouyr du priuilege & franchise que son mary auoit lors de son decez, pendant le temps qu'elle demeure en viduité.

VI.

Pendant qu'vne femme Noble est ioincte par mariage auec vn roturier, sa Noblesse dort. Mais incontinant qu'elle est vefue elle iouyt du droit & priuilege de Noblesse, & neantmoins pendant son mariage auec le roturier, elle peut tenir & posseder les fiefs à elle escheus, ou à escheoir par succession, legats, ou autres tiltres lucratifs.

VII.

Le Noble pert son priuilege de Noblesse en exerçant estat de marchandise, ou art mecanique, lequel priuilege il ne peut recouurer, sinon qu'il soit re-habilité par nostre-dict souuerain Seigneur.

VIII.

Les gens non Nobles sont appellez communemẽt gens roturiers, ou gens de poste, & sont de deux sortes & manieres. Car aucuns sont franches persõnes, & les autres de serues conditions.

IX.

Les franches personnes sont celles qui peuuent librement disposer de leurs biens, aller en demeurance où bon leur plaist és pays de la iurisdiction, & obeyssance de nostre-dict souuerain Seigneur, se marier librement, & faire tous actes legitimes, comme personnes franches & libres.

X.

Et au regard des personnes de serues conditions, il y en a de plusieurs sortes, selon la nature des terres & Seigneuries, à cause desquelles elles sōt serues.

XI.

Car les vnes sont taillables enuers leurs Seigneurs à volonté, les autres à tailles abornées, & les autres sōt main mortables en meubles seulement, & les autres en heritages seulement, aucunes sōt de poursuitte de corps, quelques part qu'elles se transportent, autres sont de forsuyance, & autres de formariages.

XII.

Et sont les peines contre les forsuyans, formariez & gens de poursuitte diuerses, selon la diuersité des terres & Seigneuries, esquelles elles sont serues.

XIII.

Neantmoins toutes personnes dudict Bailliage sont

ſont cenſées frãches & libres s'il n'appert du cõtraire

XIIII.

Quand aucun, de quelque qualité & condition ſoit-il, va en demeurãce & contracte domicile hors les pays de la iuriſdiction & obeyſſance de noſtre-dict ſouuerain Seigneur, les biens de roture qu'il a & tient au dedãs du Bailliage de ſainct-Mihiel ſont acquis à noſtre-dict Seigneur, ou aux Seigneurs hauts iuſticiers ſous la iuriſdiction deſquels ils ſont ſituez & aſſis. Comme ſemblablement noſtre-dict Seigneur, ou les hauts iuſticiers és lieux de leur hautes iuſtices repreſentent les heritiers abſens deſdits pays, exceptez toute-fois ceux qui ont priuilege au contraire par chartres ou droict d'entrecourt.

XV.

Les Curez & Vicaires reſidans ſont cenſez habitans des Ville ou Villages, ou ils reſident & deſeruent leurs benefices, & par conſequant ont droict de iouyr des bois d'vſages, paſquis & autres droicts communaux, comme vn autre habitant du lieu de leur reſidence. Et encores qu'il y ait vn four bannal audict lieu, neantmoins en peuuent auoir vn particulier en la maiſon de la Cure, & ce pour leur des fruict tant ſeulement.

XVI.

Les enfant ſont ſoubs la puiſſance de leur pere

n'est qu'ils soint emancipez de luy.

XVII.

Et peut le pere emanciper ses enfant, toutes & qantes fois que bon luy semble, par deuant son iuge ordinaire & domiciliare, & en ce cas est proueu de Tuteur & Curateur aux emancipez s'ils sont mineurs, & le cas le quiert.

XVIII.

Neantmoins les enfans mariez, encore qu'il soiẽt mineurs de vingt cinq ans, sont reputez emãcipez, & mis hors de la puissance paternelle, iouyssans de leurs droits & ayans pouuoir de ester en iugement, contracter, ou faire tous actes legitimes, sans que l'authorité de leurs peres soit requise, ou toutes fois ne peuuent valablement aliener, ou engager leurs biens immeubles, iusques a ce qu'ils seront majeurs de vingt cinq ans.

XIX

Aussi les enfans non mariez, ayans peres apres qu'ils sont aagez de vingt cinq ans, tenãs feu & lieu en leur chef, & separement de leurs peres, sont tenus & reputez emancipez, & hors de la puissance de leurs dicts pere.

XX

Item les Clercs constituez és ordres sacrez, sont

censez emancipez, & mis hors de la puissance paternelle, en quelle aage ils soiēt, comme semblablement les benificiers. pour l'esgard des choses & affaires concernans leurs benefices.

XXI.

La femme mariee apres la benediction nuptiale, est par laditte coustume en la puissance de sondict mary, iaçoit qu'il ait pere. ou ayeul, ou autres ascendās paternels, en telle maniere, qu'elle ne peut sister en iugement, donner, quitter ou faire aucuns contracts & obligation, sans l'authorité de son mary.

XXII

Si doncques n'est qu'elle soit marchande publicque, ou proposée à aucune negociation par sondit mary, ausquels cas elle peut contracter, & s'obliger pour le fait de sa marchandise & negociation tant seulement, & est son mary tenu desdits contracts & obligations

XXIII.

Le pere, soit Noble ou Roturier, est legitime tuteur & administrateur des corps & biens de ses enfans, & fait les fruits siens, des biens à eux obtenus par succession, tant & si long temps qu'il demeure en viduité, à charge d'entretenir, nourrir, & alimēter lesdits ses enfans, selon leur estat & qualité Et est tenu de rendre conte & reliqua de ce qu'il aura receu depuis le second mariage, sauf á luy deduire & defalquer les frais, qu'il aura faict pendant sondit second mariage, pour l'entretenement de sesdicts enfans, & de leurs biens.

XXIIII.

La femme vefue est tutrice de ses enfans, tant & si long temps qu'elle demeure en viduité. Et de laquelle tutelle elle est tenue de rendre compte & reliqua, laditte tutelle finie, & a c'est effect deura dresser inuentaire des biens de sesdits enfans, dedás quarante iours apres le decez de son mary. Toutes fois si bon luy semble, elle peut se descharger de laditte tutelle, & faire prouveoir de tuteur á sesdits enfans par le iuge ordinaire.

XXV.

Mais si le Pere auoit prouueu de Tuteur & Curateur á ses enfant par son testament & ordonnance de dernier volonté, en ce cas lesdits Tuteur & Curateur seroient preferez á la mere.

DES IVGES IVSTICES, ET IVRISDICTIONS. ET DROITS D'ICELLES.

TILTRE SECOND.

I.

MONSIEVR le Bailly de sainct-Mihiel ou son Lieutenât, est le iuge superieur, & reformateur immediat des Preuosts, Mayeurs, & autres iuges & iustices inferieures dudit Bailliage. Et par deuant luy ressortissent immediatement toutes appellations desdits iuges inferieurs, & se releuent á ses assises ordinaires.

II.

Par deuant ledit sieur Bailly sont iuridiciables en premieres instances, en toutes actions personnelles ciuiles, ou criminelles. les personnes Nobles.

III.

Ledit sieur Bailly a congnoissance en premiere instance priuatiuement, contre tous autres iuges inferieurs des fiefs, & arriere fiefs situez audict Bailliage des cas de saisine, & de nouuelleté & de simple saisine.

IIII.

Ledict sieur Bailly á droict de decerner mandemens de DEBITIS, octroyer lettres de Sauugarde, congnoistre de Sauuegarde enfraincte, & des oppositions formées aux executions desdits mandemens de DEBITIS, & lettres de Sauuegarde.

V

Ledict sieur Bailly, ou son Lieutenant á la creatiõ des Tuteurs & Curateurs, emancipations, & adoptiõs des personnes NOBLES, priuatiuemét contre tous autres Iusticiers inferieurs: mais quant aux Tutelles & Curatelles, emancipations & adoptions des personnes roturiers, le Preuost ou l'Officier du sieur haut Iusticier, ou leurs Lieutenans, en ont la creation & cõgnoissance, n'est doncques que ledict sieur Bailly ou son Lieutenant y ait prouueu, & soit premier saisy de la congnoissance d'icelles

VI.

Les causes contre Communautez se peuuent intenter, & poursuiure par deuant ledict sieur Bailly ou son Lieutenant, ou bien par deuant les Preuosts ou Officiers des hauts Iusticiers d'icelles, au choix du demandeur, ou demandeurs.

VII.

Ledict sieur Bailly, ou son Lieutenant á priuatiuement contre tous autres iuges inferieurs la cognoissance des enterinemens & verificatiõ des lettes patentes, octroyées par nost-dict souuerain Seigneur, cõme de Noblesse, priuilege, grace, pardons, & auters semblables.

VIII.

Encore ledict sieur Bailly, ou son Lieutenant, à cõgnoissance priuatiuement contre les Signeurs hauts Iusticiers dudict Bailliage, de crime de leze Majesté humaine.

IX.

Les Preuosts dudit Bailliage establis par nostre dit Seigneur ont cõgeoissance de toutes actions, & matieres, tant personnelles que reelles, ciuiles, & criminelles de leurs Preuostez, entre, & cõtre personnes Roturiers, hors mis des cas reseruez audit sieur Bailly & n'est q'uen leurs Preuostez y ait Seigneur, ou Iusticier qui ait priuilege au contraire

X.

Des hauts Iusticiers dudit Bailliage, aucũs on toutre l'emolument de la haute Iustice, l'exercice, congnoissance iudicature,&executiõ d'icelle:les autres ont la congnoissance ,& l'emolumẽt tant seulemẽt, & non l'executiõ de leurs sentences criminelles, ou escheoit peine de mort & dernier supplice : lesquels ont droict d'establir Officiers, Mayeurs, Escheuins, Greffiers,Sergens,ou Doyẽs,pour l'exercice de leur iustice,&par leursdits Officiers, ont cõgnoissãce de toutes actions ciuiles, & criminelles, entre, & cõtre leurs subjects,& mesmemẽt contre les vagabons, & passans, excepté en cas reserné audit sieur Bailly.

IX.

Peut le Seigneur haut iusticier, qui a l'execution de sa haute iustice,tenir,&auoir fourches,& signe patibulaire à deux pilliers, carcant. cep,& prisons és destroits de sa haute iustice, pour marque , & executiõ d'icelle : neanmoins s'il n'y auoit eu auparauant aucun signe patibulaire ou carcant ensaditte haute iustice, il n'en pourroit faire eriger sans la permission de nostredit souuerain Seigneur,&s'il aduenoit que ledit signe patibulaire fut tombé, ledit sieur haut iusticier le pouroit faire redresser dedãs l'ã de la cheute,& non apres, sans la permission de nostredit souuerain Seigneur.

XII.

Et ceux qui n'on l'execution des sentẽces de mort, peuuent auoir,& tenir prisons cep, carquant , es destroits

ſtroits de leur haute iuſtice,& nõ ſigne patibulaire.

xIII.

Les autres n'ont que l'emolument de la haute iuſtice tant ſeulemẽt,& tels ne peuuẽt auoir Officiers pour l'exercice de la haute iuſtice fourches carcants ny priſons, ains ſeulement pour faire la recepte de leurs-dits emoluments.

xIIII.

Peut,& à droict le Seigneur haut iuſticier,par ſes-dits Officiers, faire crier la feſte du village, oú il eſt haut iuſticier,& s'il eſt comparſonnier auec noſtre-dit ſouuerain Seigneur, laditte feſte ſe doit crier,tãt de par noſtre-dit ſonuerain Seigneur, cõme de par le Seigneur haut iuſticier.

XV.

Au Seigneur haut iuſticier appartiennent toutes confiſcations, eſpaues bien vacans & terres deſertes & en fraytis, qui de memoire d'hommes n'ont eſté labourées, ou qui ne ſerõt reclamées par autruy par lettres ou autremẽt,ſucceſſiõs des baſtards decedez ſans hoirs legitimes de leurs corps,eſtant en ſa haute iuſtice,encor que la cõfiſcation ſoit adiugée par autres iuges que le ſien,hors mis que ſi vn hõme d'autre Seigneurie, & retenue, giſant & demeurãt neantmoins en laditte haute iuſtice, cõfiſquoit ſes biens, ledict haut Iusticier ne prendroit ses meubles, ains le Seigneur del'hõme, parce que par la mesme Coustume les meubles suyuent la personne: mais quant aux meubles, dont le passãt, & vagabond cõdamné se trouueroit saisi lors de la prinse, & qui luy appartiendroient, demeureroient au Seigneur haut Iusticier, excepté aussi que si aucuns Seigneurs Colleges ou autres auoient droict & priuilege de prendre, & auoir lesdittes terres espaues, & desertes, en ce cas le dit Seigneur haut Iusticier ne pourra pretẽdre icelles terres espaues & desertes.

XVI.

Que comme pour crime de leze Majesté humaine la cognoissance en premiere instance en appartient à nostre souuerain Seigneur, ou à ses Officiers, priuatiuemẽt à tous autres: aussi s'il y a confiscatiõ adiugée cõtre celui qui sera cõuaincu dudit crime, elle appartiendra à nostre dit souuerain Seigneur priuatiuemẽt à ses vassaux. Seigneurs hauts Iusticiers excepté que si entre les biens cõfisquez y auoit arrier fief il appartiendroit, & retourneroit au Seigneur direct & foedal duquel il seroit mouuant inmediatement, ainsi que sera dict cy apres en l'artlicle dernier, du tiltre des fiefs,

XVII

Les Seigneur hauts Iusticiers, ou leurs Officiers auãt que d'adiuger aucũs espaues meubles, sõt tenus faire publier par quatre Dimanches subsecutifs, s'il y a aucũ qui les reclame, & s'il se presente qu'elqvn dedãs ledict temps, qui prouue lesdits meubles luy appartenir, il luy sera recreu, en payant par luy les despẽs raisõnables & celuy qui a recellé vne espaue plus de vingt quatre heures est amandable de soixante solz

XVIII.

Tresor trouué casuellement en lieu publique, appartient pour la moitie, au Seigneur haut Iusticier & pour l'autre moitie, á celuy qui l'a trouuè & s'il et trouué au fond d'autruy, il appartient pour vn tiers au Seigneur haut Iusticier, vn autre au maistre du fõd & l'autre tier á celuy qui l'aura trouué, & si ledit inuent eur ne le declare, & qu'il soit par apres cõgneu il perd son droict.

XIX.

Qui confisque le corps, confisque les biens toutesfois le mary confisquant sõ bien ne confisque la part des meubles, & conquests immeubles de sa femme, ny au contraire.

XX

Et a droit le haut Iusticier de prendre, & auoir les amandes arbitraires, & autres ad iugées par ses Officiers, n'est doncques qu'en sa haute Iustice y ait Seigneurs moyens ou bas Iusticiers, qu'ayent droit par priuileges, tiltre, ou vſance, de prendre part auſditte amendes, ou aucunes d'icelles.

XXI.

Peut encor le Seigneur haut iuſticier, congnoiſtre des oppoſitions interjectées, des mandemẽs, & executions faictes, de l'ordonnãce de ſes Officiers, faire Colõbier au lieu où il eſt haut iuſticier. & tenir troupeau à part, s'il a maiſon, meſnage, & famille. Ce qui n'eſt permis à autres, ſoient moyens, ou basiuſticiers n'eſt doncques, qu'ils ayent priuilege, ou poſſeſſiõ preſcripte au contraire.

XXII.

Le moyen iuſticier á droit d'adiuſter poix, & meſure, & d'impoſer, & leuer amendes de ſoixante ſolz & au deſſous, contre les delinquans.

XXIII.

A auſſi congnoiſſance des reprinſes á garde-faicte ou de nuict, & luy en appartiennent les amendes.

XXIIII.

Peut ledit Seigneur moyen iuſticier, mettre en bã les fruits, & chaptels, & defẽdre qu'ils ne ſoient coupez, ou enleuez, deuãt le temps par luy ordonné, & impoſer amende iuſques à ſoixante ſols, & á congnoiſſance, & luy appartient l'amende inditte.

XXV

XXV.

Le bas iusticier, ou foncier peut auoir, & creer Mayeur, & iustice, qui a congnoissance des abornemens des heritages des particuliers, des actiõs reelles & du fond, & de la roye, peut faire saisir, & crier heritages, à cause de cente non payé, & faire embãnies des terres, & prez, qui sont situez en sa iurisdictiõ, & imposer peine, & amende de cinq solz, & au dessus tant seulemẽt. Et si a congnoissance des simples reprinses esquelles n'eschoit amende que de cinq solz s'il ny a priuilege au contraire.

XXVI.

Les forestiers, & messiers, trouuans personnes, ou bestes en mesus peuuent reprendre, & gager icelles & sont creuz de leurs exploicts. Comme sẽblablement les porteurs de paux de dismes, & terrages, sõt creuz de leurs rapports, pourueu qu'ils ayẽt esté iurez, & fermẽtez solemnellement, en la maniere accoustumée.

XXVII.

Le Seigneur haut iusticiers, moyen, ou bas, peut faire proceder de plain saut par execution, & gagiere à l'encontre de ses sujets, ou porterriens, pour le payemẽt de ses droits, & deuoir Seigneuriaux, pourueu que l'executeur ait billet, & mandement de ce, par escrit signé du Chastelein, Recepueur, ou Officier duditChastelain

XXVIII.

Par laditte Coustume meuble n'a point de suirte c'est à dire qu'estant saisi par authorité de Iustice vn tiers ne peut pretendre droict d'hypotecque audict meuble, pour dire son obligation estre antidattée à celle, en vertu de laquelle le meuble est saisi, & est preferé audict meuble, celuy qui premier l'aura faict saisir, iaçoit que son obligation soit posterieure en datte, à vne autre.

XXIX.

Le Seigneur haut iusticier, moyen ou bas, peut faire Moulins à eau, & à vẽt, & Fours et Pressoirs en sa Seigneurie sur fond, & eau à luy appartenans,

XXX

L'amande du ban brisé, c'est à dire quand aucuns suiect d'autre terre, & Seigneurie, s'ẽtrebattent sur la Seigneurie, & territoire d'autre Seigneur haut iusticier appartient au Seigneur haut iusticier du lieu, ou le debat à esté faict.

XXXI.

Le Seigneur haut iusticier, moyen, ou bas, ayant maison, & famille, en vn village, & communauté à part, doit iouyr des fruicts, & vſages communs de la ditte communauté, cõme l'vn des autres habitans & eſt le haut iuſticier le premier habitant.

XXXII.

Par laditte Couſtume, les peines portées par les compromis, lauds & rapports arbittiels, ſe deuiſent en trois tiers: l'vn pour noſtre ſouuerain Seigneur, ou le Seigneur haut iuſticier: vn autre tiers, pour les arbitres: & l'autre tiers pour la partie acquieſcente: ſi donques les parties par le compromis, n'en ont autremẽt traicté, & conuenu, comme elles peuuent faire, & leur eſt loiſible.

DES FIEFS.

TILTRE TROISSIESME,

ARRTICLE I.

TOVS les Fiefz qui ſont audit Bailliage ſont Fiefz de danger,& de telle nature que le vaſſal ne ſe peut,ou doit mettre ny inſtruire en iceux,ſans la permiſſiõ & licẽce du Seigneur feodal, & direct: ſi doncques n'eſt que le Fief ſoit eſcheu au vaſſal par ſucceſſiõ directe,ou collateralle,auquel cas le dict vaſſal ſe pourra mettre en la poſſeſſion d'iceluy Fief ſans danger á charge toutefois d'en faire foy,& hõmage quand requis en ſera.

II

Et neantmoins s'il n'eſtoit notoire áqui ledict Fief deuroit appartenir,& qu'il fut pretendu par diuerſes perſonnes le Seigneur direct, & feodal, ſe pourroit eſſaiſiner d'icelui, le tenir par ſes mains, & exploicter ſans ſe departir de la poſſeſſiõ dudit Fief delaiſſé par le treſpas de ſon vaſſal,iuſques à ce qu'il ſera cõgnu

par.

par iuſtice, à qui ledit Fief doit appartenir, ou que les partis ſeroient appointées par enſemble, & n'eſt loiſible á celuy, ou ceux qui pretẽdent droict audit Fief, s'inſtruire, ou mettre ẽ iceluy, depuis la ſaiſine du Seig. feodal, ſans ſon cõgé & licence, n'y le troubler en ſa poſſeſſiõ, á peine de perdre le droict qu'il pretend audit Fief, auec l'amende de ſaiſie enfrainte

III.

Toutesfois ledit Seigneur feoedal ne faict les fruits ſiens, pendant laditte ſaiſie, ains ſeront à celuy â qui la ſucceſſion ſera adiugée, en payant les frais raiſonnables de laditte ſaiſie,

IV

Quand le vaſſal vend, ou autrement aliene à quelque tiltre particulier que ce ſoit, ſon Fief à vn homme Noble, & capable á le tenir tel acqueſteur ne ſe peut inſtruire, ny mettre en poſſeſſion dudict Fief, auant la cõfirmatiõ du Seigneur feodal, autremẽt ſeroit acquis auditSeigneur direct, &feodal Et peut le Seigneur feodal immediat, duquel le Fief vendu eſt mouuant, auant la confirmation du vandage, le reprẽdre pour tels deniers qu'il eſt vendu, & le ioindre à ſõ domaine, ores meſmemẽt que l'acqueſteur fut parent, & lignagier au vendeur, ou bien, confirmer ledict vendage ſi bon luy ſemble.

V.

Et ſont tous les Chaſteau, maiſons fortereſſes, & autres Fiefz dudiƈt Bailliage, rendables au Seigneur feodal á grande & petite force, pour la ſeureté de ſa perſonne, deffence de ſes pays, & pour la manutantion, execution, & main-forte de ſa iuſtice, en telle maniere, que le vaſſal cõmettroit ſon Fief, s'il eſtoit refuſant, ou dilayant de ce faire.

VI.

Leſdits Fiefz ſont de telle nature, quils ne peuuent eſtre tenus, ny poſſedez, que par perſonnes Nobles.

VII.

Si vn vaſſal donne par Teſtament, ou autrement, ſon fief, ou partie d'iceluy aux Egliſes, telles Egliſes ne le peuuent tenir plus d'vn an, ſans admortiſſemét ou permiſſió: mais ſót tenuës le mettre hors de leurs mains, á vn homme capble de le tenir & ce ſur peine de commiſe, & perdre ledit fief, au proffit dudit Seigneur feodal. laquelle Couſtume a lieu, & s'obſerue en rentes, & heritages de poté, & roturiers, pareillement au proffiƈt du Seigneur haut iuſticier.

VIII.

Toutes & quantesfois que le Seigneur feodal ſomme, & interpelle le vaſſal, de reprédre, & luy faire foy

&hõmage, iceluy vassal est tenu de ce faire & à faute de ce, ledit Seigneur peut saisir ledit fief, & faire les fruits siés iusques ace que ledit vassal aurafait deuoir

IX.

L'hommage que doit ledit vassal est de main, & de bouche seulemẽt, sãs payer relief ou rachapt de fief

X.

Le Seigneur feodal n'est tenu dereceuoir son vassal en foy & hommage par procureur, s'il ne se presẽte en persõne, n'estoit donques que ledit vassal fut detenu de maladie, de sorte qu'il ne puisse en personne faire son deuoir d'hõmage, & fidelité, ou qu'il eut autre excuse suffisante, pour le tenir excusé, n'estoit aussi que le fief appartient à vne femme non marié, ou à vn mineur de vingt cinq ans, auquel cas laditte femme pourroit par vn Procureur Noble & capable & ledit mineur par son Tuteur, ou Curateur Noble, où par Procureur Noble, & capable, constitué par le Tuteur, ou Curateur, faire le deuoir, ou bien obtenir lettres de souffrance.

XI.

Le vassal qui a esté receu en foy & hommage par son seigneur, est tenu bailler son adueu, & denombremẽt dedãs quarante iours à conter du iour qu'il a esté receu en foy & hommage par son Seigneur.

XII.

Et si leditvassal ne baille son denõbremeut dedans, lesdits quarante iours, le Seign. foedal peut saisir ,& mettre en ses mains ledit Fief,le tenir saisi,iusques á ce que ledit denombrement,& adueu soit baillé,pẽdant laquelle saisie ledit Seigneur fait les fruits siens

XIII.

Le vassal est tenu de seruir en armes nostredit souuerainSeigneur, és guerres qu'il pourra auoir cõtre les ennemis,de luy,& de ses pays, &quand de luy en sera requis,aux despẽs de nostre-dit Seigneur, restitutiõ de prise de corps,cheuaux,harnois.& interests de la personne du vassal,& enuers luy tant seulemẽt

XIIII

Le vassal ne peut sansla permission du Seigneur feodal&direct, bailler à cẽce, ou à rẽte perpetuelle son Fief,ny partie d'icelui ny le demembrer en façõ que ce soitComme aussi il ne le peut vendre, ny autrement aliener,forsà personnes Nobles,& encores en ce cas,faut obtenir duditSeigneur feodal la confirmation d'iceluy vendage, ou alienation.

XV.

Ne peut aussi le vassal faire arrier-fief de son fief, sans le consentement duSeigneur feodal, par ce que ledict Seigneur n'est tenu souffrir faire de son plain fief arrier-fief si bon ne luy semble.

XVI.

Toutesfois entre coheritiers le fief se peut partager sans le consentement du Seigneur feodal, & sont tenus lesdits coheritiers reprendre chacũ de leur part, quand requis en sont.

XVII

Le vassal commettant felonnie, ou desaduoüant son Seigneur feodal, commet son fief.

XVIII.

Quand le vassal confisque son fief, pour quelque crime que ce soit, dont il soit conuaincu par sentẽce ledit fief retourne au Seigneur feodal imediat, duquel il est tenu, qui en est saisi par laditte sẽtence, & se peut mettre dedans ledit fief, l'exploicter, & en faire les fruicts siens, mesmes ceux qui ont esté leuez & percreuz depuis ledict crime commis.

DES TESTAMENTS ET ORDONNANCES DE derniere volonté.

TILTRE QVATRIESME.

ARRTICLE I.

VN testateur soit noble, ou non noble, peut par testament, & ordonnance de derniere volonté, disposer entieremẽt de tous ses biens, meubles, debtes, gagieres, acquests,& conquests immeubles, ou partie d'iceux à son bon plaisir, voire au prouffit de personne toute estrange.

II.

Et pour la validité de son testament,&ordonnance de derniere volonté,quand à la forme suffit, que ledit testament soit escrit, & signé de sa main, ou qu'il soit attestè de deux Notaires ou d'vn auec deux tesmoins,ou du Curé,ou Vicaire,auec deux tesmois.

III.

Vn homme, ou femme eſtant au lict mortel, ne peut diſpoſer de ſon heritage de ligne pour en fruſtrer ſes heretiers, ſoit par cõtact ẽtre vifs ou à cauſe de mort, ſi ce n'eſt pour legats pieux, comme pour dire Meſſe, ou autres biens pour le ſalut de ſon ame, ou bien pour ſa neceſſité vrgente, & ſoulagemẽt de ſa perſonne pendant ſa maladie, dõt il peut diſpoſer iuſques au tiers ſeulemant: Mais quant à ſes meubles & acqueſts, il les peut donner á ſon plaiſir á perſonne toute eſtrange, ou autrement.

IV.

Auſſi vne perſonne ne peut auantager vn de ſes ẽfans plus que l'autre, ſoit de ſõ viuant, ou par Teſtamẽt, ains cõuient le tout rapporter apres le decez du Pere, ou de la Mere auant parſon, auquel rapport ne ſont comprins les fruits des choſes données en auãcement, ny ſemblablement les frais de la nouriture, entretenement, & inſtruction des enfans, ſoit à la guerre, aux eſtudes, ou autremẽt ny auſſi les frais des feſtins de nopces: mais ſi c'eſtoit vne perſonne qui n'euſt ẽfans procrées de ſõ corps, & qu'il eut freres ou ſœurs, nepueux, ou plus loingtains, il pourroit donner à l'vn plus qu à l'autre, de ſes meubles, & acqueſts, encor qu'ils fuſſent heritiers en autres biens.

V.

Peut toutefois vn Pere ou vne Mere, bailler à l'vn de ses enfans quelque chose de son bien pour cause remuneratoire, & de recompense. en faisant apparoir par le donataire, d'icelle cause.

VI.

Aussi vn Pere, ou Mere peut exhereder vn de ses enfans, & le priuer de sa succession, pour les causes exprimées en droit escrit, ou pour l'vne d'icelle, & selon que l'exheredation y est permise.

VII.

L'executeur, ou executeurs testamentaires, sont tenus faire inuentaire des biens delaissez, par le decez de celuy, qui les à nommé executeurs, l'heritier, ou heritiers d'iceluy appellez.

VIII.

Et deuant la confection d'iceluy inuentaire, il ne se peut dire saisi de biens delaissez par ledit defunct mais ledit inuentaire faict, & parfaict, il est saisi vn an, & iour, depuis le decez dudit defunct, supposé mesme, que l'heritier offre d'acomplir le testament & de ce bailler caution, toutesfois si l'heritier offroit reellement, & de faict, de laisser és mains de l'executeur autant que monte, ou pourroit monter l'execution.

tion dudit teſtament, ledit executeur ne ſeroit ſaiſi du ſur plus de ladicte ſucceſſion.

IX.

Si en ladicte ſucceſſion il n'y auoit meubles ſuffiſans, pour ſatisfaire à l'ordonnance & volonté derniere du teſtateur, en ce cas, il eſt permis à l'executeur teſtamentaire, d'engager, ou hypothecquer du bien immeuble dudit defunct, iuſques à la concurrance des deniers, requis pour la dicte executiõ, ou bien de vendre quelque piece d'heritage, au plus grand prouffit de l'heritage, & ſans charge l'vn plus que l'autre, á faculté de rachap ſi faire ſe peut, ſinon purement & ſimplement; & l'an finy ſeront leſdits executeurs tenus rendre conte a l'heritier, de leur charge, & adminiſtration.

DES SVCCESSIONS

TILTRE CINQVIESME.

ARTICLE I.

LE mort saisi le vif, sõ plus proche parẽt & heritier habile à luy succeder.

II.

En ligne directe, representation a lieu *in infinitũ* en toute sortes de biens.

III

Les Comtez tenus en fief de nostre souuerain Seigneur sont indiuidus, & doiuent appartenir au fils aisné, qui en porte le nom, & tiltre, & les autrs enfans puis-nez ont partage en autres terres, s'il en y a: & s'il n'y a autres terres, ils auront portion contingẽte, qu'ils tiẽdront en fief dudict aisné, en subiection de retour.

I V.

Laquelle portion contingente est interpretée, au

cas qu'il n'y ait que deux enfans, l'aisné aura par preciput le Chasteau auec ses forteresses, basse-court, iardins, & aysances ioingnans, & contigus dudict Chasteau, & les trois quarts du reuenu dudit Comté, l'autre quart demeurāt au puis-né. Et s'il y a plus de deux enfans, l'aisnè ne prendra que la moitié du reuenu dudict Comté, l'autre moitié demeurant aux autres enfans, pour estre partagée entre-eux, cōme il sera dit cy apres des fiefs, & lesquels tiēdront en fief dudict aisné leur part contingente.

V.

Aussi tous les arriér-fiefs dependans dudit Comté seront, & appartiendront audit aisné priuatiuement cōtre ses coheritiers, auec les guet & garde, deuz par les subjects dudict Comté, & autres seruitudes, pour l'entretenement, refection, & reparation, dudit Chasteau.

VI.

Les Baronnies qui sont audict Bailliage sont diuisibles, comme les autres fiefs non qualifiez: en sorte toutes fois, que les arrier-fiefs desdittes Barōnies, & les seruitudes deuës par les sujects, pour l'entretenement & reparation de la maison, guet & garde demeureront à celuy qui emportera la maison principale d'icelle Baronnie, soit par droit d'aisneage ou autrement.

VII.

En ſucceſſion de fiefz en ligne directe, entre plu- ſieurs enfans, le fils aiſné a droit de choiſir, & pren- dre pour ſon droit d'aiſneage, en la ſucceſſion de ſõ Pere, ou de ſa Mere, laquelle maiſon de fief il luy plaira, auec ſes appartenances de murailles, & foſſez s'aucũs y a, les baſſe-court, jardins & meix ioingnans les arrier-fiefz mouuans de ladicte maiſon, le droit de patrõnage de la chapelle caſtrale d'icelle maiſon qu'il aura choiſie enſemble les guets, gardes & au- tres ſeruitudes, deuës pour les reparations, & ẽtrete- nements de ladicte maiſon, en recõpenſant toutes fois ſes freres puis-nez, & ſœurs pour leur portion contingente eſdictes baſſe court, meix, & jardins, au dit & rapport de deux de leurs parents, ou d'au- tres gẽs à ce cõgnoiſſans. Mais s'il y auoit en ladicte baſſe-court, four, moulin, ou preſſoirs bannaux, le- dit aiſné ſeroit tenu de bailler à ſeſdits freres & ſœurs recompenſe en pied de terre, & au reſidu des autres heritages de fiefz, prendre comme vn des autres fils & le tout neantmoins à charge de doüaire, s'il y eſ- cheoit, & oú en ladicte ſucceſſion, il y auroit diuer- ſes maiſons de fief audit Bailliage, d'ont l'vne ſeule- ment ſeroit maiſon forte, & les autres plattes, ledit fils ainé ſera tenu de prẽdre pour ſon droit d'aiſnea- ge ladicte maiſon forte auec ſes appartenances, cõ- me cy deſſus eſt ſpecifié, & n'aura en ce cas le chois de prendre vne maiſon platte,& laiſſer la forte, & ſi en ladicte ſucceſſiõ y auoit pluſieurs maiſõs de fief, auſſi aſſiſes audict Balliage, apres le chroix faict par l'aiſné,les autres maiſons ſe partagerõt entre les autres enfans,en recompanſant l'aiſné pour ſa portion contingente en icelles.

VIII.

Auſſi entre filles n'ya droict,ny prerogatiue daiſneſſe, & ne doit l'aiſnée prendre plus que ſes autres ſœurs,ſoit en heritage de fief, ou de poté.

IX.

Semblablement en ligne collaterale n'ya point de droict d'aiſneſſe.

X.

En ſucceſſion de terre de Fief en ligne directe, vn enfãt maſle a,& emporte autãt ſeul,que deux filles: Mais en terre de poté,& meubles,ils ſuccedẽt eſgalement.

XI.

Si vn perſonne va de vie à treſpas,ſans laiſſer hoirs procreez de ſõ corps, ſes Pere & Mere, ou l'vn d'eux ou autres aſcendans, en deffaut d'eux, á & emporte tous les meubles, acqueſts,& dõs faits hors ligne,& n'yont rien les freres & ſœurs du treſpaſſé,ny autres parēs plus remots. Mais quant aux biens de ligne, & acquests, faits en ligne, ils appartiennent aux plus proches parēs dudict de funct, du costé & estocage, dont les biens meuuent & viennent.

XII.

Quand vne personne va de vie à trespas, sās hoirs procéez de son corps, & il delaisse aucuns heritiers d'vn costè seulemēt, comme de par son Pere, & il y a aucūs heritages de par sa Mere, sans auoir nuls parēs de par icelle, ses parens de par son pere n'auroient rien aux heritages, qu'il auroit de par sa Mere, mais les emporteroit le sieur haut Iusticier par faute d'hoirs: Car par laditte Coustume on regarde les lignes, dont les heritages sont pocedans. Que si lesdits heritages estoient de fief, ils retourneroient, & appartiē-droient en ce cas au Seigneur feodal & direct, duquel ils seroient mouuans immediatement.

X III.

En succession feodale collaterale, tāt de ligne que d'acquest, le masle exclud la femelle en pareil degré

X IIII.

En succession collaterale, en heritage de ligne terre de poté, representation a lieu, *in infinitum*: Mais en terre feodale representation n'a lieu, ains le plus proche exclud le plus remot.

XV.

En succession collaterale de meubles, debtes, gagieres, acquests, & cõquests, faicts hors ligne, en terre de poté, representatiõ n'a lieu, ains appartiennẽt au plus proche parent, *ab intestat*. Si doncques n'est qu'il y ait disposition testamentaire au contraire.

XVI.

En succession collaterale les nepeux, ou petits neueux succedãs à leurs oncles, ou tãtes de leurs chefs, & cõme plus proches parents, succedent par testes, & non par estocage.

XVII.

Le germain exclud le non germain és meubles, & acquests faicts hors ligne.

XVIII.

Si vn homme va de vie à trespas ayant bien meubles en plusieurs, & diuers lieux, & les meubles suyuẽt la personne, & seront reiglez selon la Coustume lieu, où le defunct faisoit sa residance.

XIX.

Et s'il aduenoit qu'vne personne eut diuers domiciles, la Coustume du lieu, où il faisoit la pluspart sa residence, sera gardée & obseruée.

XX.

Les franc alloeufs, Nobles, qui sont au dedans du Bailliage, se partagent, & diuisent comme les fiefs.

XXI.

Les Cheualier de l'ordre sainct Iean de Ierusalem, & ceux de l'ordre Theuthonique, & les Religieux profez, ne peuuẽt succeder à Pere & Mere, & autres parens, en quelque sorte de biẽs que ce soit, s'il n'y a priuilege au contraire. Mais du bien qui leur est escheu auãt leur profession, ils en peuuent disposer à leur plaisir: & en cas qu'ils n'en auroient dispoṡé appartiennent à leurs parens, & heretiers.

DES DROICTS APPARTENANS A GENS MARIEZ.

TILTRE SIXIESME.

ARRTICLE I.

LEs conioincts par mariage, pendant & constant iceluy, sont cõmuns en tous meubles, acquests & cõquests, immeubles tãt de terre de Fief, que de poté. Et soit que lesdits acquests soiẽt faits en la ligne desdits conioincts, ou hors ligne, supposé mesme, qu'en lettres d'acquests, ou en faisant le cõtract la femme ne soit desnommée acquesteresse.

II.

Toutesfois le mary, durant & constant le mariage, peut seul sans la femme disposer, & ordonner par cõtract entre vifs, de tous les meubles. Aussi peut reuẽdre, eschanger, ou engager lesdicts acquests, sans le consentement de saditte femme.

III.

Le furuiuant de deux conioints, a & emporte les meubles,&chofes fortiffantes nature de meubles, fi le premourãt ne laiffe enfans,en payantles debtes& frais funeraux,hormis les debtes qui feroient deuës pour acqueſts d'heritages,qui fe payeront par ceux aufquelz lefdits heritages appartiendront. Mais où il yauroit enfans duditpremourant, lefdits meubles fe partageront par moitiè entre le furuiuant, & les enfans du premourant,en payant par euxles debtes paffiues par moitié,le tout neantmoins,s'il n'y a traicté de mariage au contraire.

IIII.

Auffi la femme furuiuant fon mary, a droict,& luy loift de quitter,&renoncerà la cõmunauté des biẽs meubles, & acqueſts, qui luy eſt baillée par laditte Couftume, en faifant laditte renonciation quinze iours apres le decez de fondict mary,s'elle y eſt prefente: Et fi elle eſtoit abfente,deura dedãs quarante iours,apres qu'elle fera aduertie de la mort d'iceluy faire laditte renonciation, par deuant le Iuge ordinaire dudit fõ mary. Et ce auant que d'auoir apprehẽdé aucune chofe defdits biens, excepté fa veſture ordinaire,ny en detourné,ou caché,&dont elle fera tenue fe purger parferment,autremẽt par apres elle ne feroit receue à faire telle renonciation:Nonobſtãt laquelle, elle ne laiſſera de iouyr de ſon doüaire ſoit couſtumier, ou prefix. Et moyennant telle renonciation faitte ainſi dedans ledit temps, & ſans fraude, laditte veſue demeurera quitte & deſchargée des debtes paſſiues perſonnelles, de laditte communauté, ſans preiudice neantmoins à l'action, & pourſuitte des creanciers, enuers leſquels elle ſe trouuera expreſſement obligée, ſoit pour les debtes perſonnelles, contractées conſtant ledit mariage, ſoit pour celles qu'auroient eſté contractées auparauãt, & dõt elle ſe trouueroit tenuë, & ſauf a elle ſon recours, pour ſon indemnité enuers les heritiers de ſondict mary, s'il y eſcheoit.

V.

Le mary a le gouuernement, & adminiſtration des heritages, & poſſeſſions de ſa femme, le mariage durãt, de ſorte que ſans prorupation il peut eſtre en iugement, en demandant, & deffendant és droicts poſſeſſoires des biens de ſaditte femme, pourſuiure en iugement & dehors les fruicts, prouffits, & reuenus à elle appartenans, & d'iceux diſpoſer à ſon plaiſir, comme des autres meubles.

VI.

Et s'il y a Iuſtice & Seigneurie, elle eſt exercée ſous le nom dudit mary, tant que ledit mariage dure, toutesfois la femme demeure poſſeſſereſſe.

VII.

Mais le mary ne peut vendre, aliener engager, ou hypothecquer les heritages, & biens de ligne de sa femme, ny les acquests qu'elle auroit faicts auant le mariage, sans le libre vouloir & consentemẽt exprés d'icelle.

VIII.

Si en traictant aucun mariage, le pere, ou autre prochain parent de la femme, donne, & deliure au mary vne somme de deniers pour employer en acquests d'heritages pour laditte femme, & ses heritiers, & il aduient que retour de mariage ait lieu, en ce cas le mary, ou ses hoirs, sont tenus rẽdre a laditte fẽme, ou ses heritiers, les heritages qui auroient esté acquestez desdits deniers, ou iceux deniers s'ils n'auoient esté employés, si autrement n'est accordé par ledict traicté de mariage.

DV DROICT DE DOVAIRE.

TILTRE SEPTIESME

ARTICLE. I.

LA femme qui suruit son mary, soit Noble ou roturiere, a droict d'auoir la moitié par doüaire en vsufruict sa vie durãt des heritages & biens immeubles, dõt son mary estoit Seigneur possesseur, & iouyssant reellement à l'heure de son trespas & decez, & d'iceux comme doüairiere. & vsufruictiere, en prendre, perceuoir, & leuer par ses mains, si bon luy sẽble, les fruicts, proffits, & emolumens sa vie durãt seulement, hors-mis des heritages, lesquelz ont esté acquestez par feu son mary & elle, constant leur mariage, esquels elle ne prend aucun doüaire, parce qu'elle ne peut estre acquestere sse & doüairiere d'vne mesme chose.

II.

Duquel douaire elle eſt ſaiſie par le decez, & treſpas de ſon mary: Toutesfois élle eſt tenue de bailler declaration, & eſtat des maiſons, baſtimens, vſuines & heritages qu'elle tiẽt en vſufruict, & douaire, auec caution de reſtituer le tout, en bon & ſuffiſant eſtat.

III.

Auſſi elle eſt tenue d'entretenir, & maintenir leſdits baſtimens, & vſuines de menues reparations, & de telles, dont l'vſufruictier eſt tenu de droict: Toutesfois elle n'eſt tenue de vilain fondoir, ſi doncques n'eſt qu'il appert, que par ſa faute ledict fondoir ſoit aduenu: Es mains delaquelle douairiere, les heritiers du mary doiuent mettre en bon eſtat, ce qui deſpẽd de ſon douaire.

IV.

Laditte douairiere eſt tenue de payer, durant le temps dudit douaire les cens, rentes, & charges fõciers, ou autres, que doiuent leſdits heritages non ſeulemẽt d'ancienneté, mais auſſi les rentes conſtituées par ſondit mary, tant deuãt comme depuis ledit mariage, ſur les heritages qu'elle tient en douaire

V.

Et eſt encores laditte douairiere tenue de payer, &

fournir aux frais des procez qui seroient meuz, & à mouuoir, pendant le temps de son douaire, pour la conseruation des droits, rentes priuileges, & prerogatiues des heritages, par elle tenus en doüaire.

VI.

La femme tenant en doüaire aucuns bois, & forests de haute fustée, ne peut prendre bois en iceux, hors-mis pour les reparations, & entretenemens des maisons, & vsuines qu'elle tient en doüaire : Comme sẽblablement elle ne peut vẽdre les bois, & forests qui ne sont en couppe ordinaire, ains en prendre seulement pour l'affouage de sa maison, comme bonne mere de famille: Mais si lesdits bois sõt en couppe ordinaire, ou que l'on ait accoustumé en vẽdre, elle en pourra vendre au temps qu'ils seront en couppe & selon que l'on a accoustumé d'en vendre.

VII.

Et si est ledict douaire coustumier tant fauorable, que nonobstant que par traicté de mariage, soit assigné douaire prefix à la femme, si est ce qu'il luy est permis quitter ledict prefix, & s'arrester au coustumier, pourueu que ce soit dedans quarante iours apres qu'elle sera aduertie de la mort de son mary, & qu'elle n'ait renoncé expressement, en tractant ledit mariage, audict douaire coustumier, & ce soit contentée du prefix.

VIII.

Lequel doüaire prefix ne saisit la doüairiere, ains doit estre demandé de l'heritier, ou heritiers : n'est doncques qu'il soit assigné, & abbouté specialemẽt sur certaines pieces. Et ou ledit doüaire prefix ne seroit assigné sur vne certaine piece, ains generalemẽt sur tous les biẽs du mary: les heritiers d'iceluy serõt tenus assigner à laditte doüairiere, vne piece ou plusieurs, commodes & suffisantes pour ledict doüaire: Et sera tenüe ladite douairiere d'accepter ledict assignal, & deslors en auant sera saisie dudit douaire.

IX.

La douairiere qui est conuaincüe d'impudicité, & paillardise, commise depuis la mort de son mary, pert le droict de douaire, qu'elle a sur le bien de son mary.

DES.

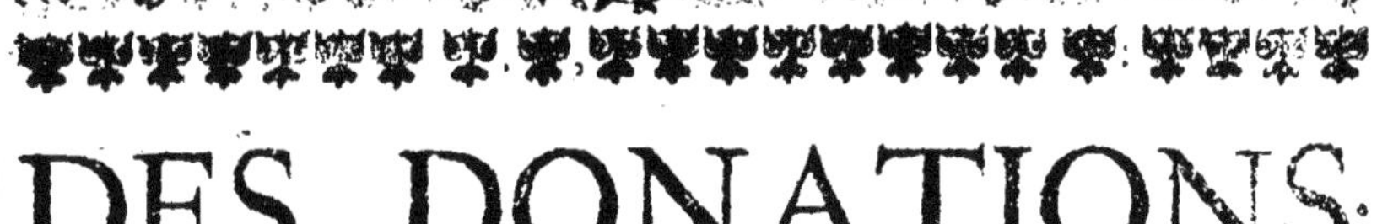

DES DONATIONS.

TILTRE HVICTIESME.

ARTICLE I.

HOMME, & femme conioints par mariage, n'ayās aucnns enfans de quelque lict, ou mariage que ce soit, se peuuent par don mutuel donner l'vn á l'autre, tous & chacuns leurs biens meubles, & acquests en proprieté, & l'vsufruit de leur bien de ligne: pourueu que lesdits conioints soient ègaux, ou proches en biens, & aage, & qu'il n'y ait en l'vn non plus qu'en l'autre, coniecture de maladie.

II.

L'homme marié n'ayant aucuns enfans, peut par Testament, ou autre disposition, & ordonnance de dernier volonté, donner à sa femme tous ses meubles, & acquests, en proprietè: Mais s'il auoit enfans, ne pourroit faire telle donation à sadite femme, sinon que pour en iouyr par elle, tant & si longuemēt qu'elle se contiendroit en viduité, & á charge, que conuolant à autre mariage, elle seroit tenue de rēdre aux enfans de sondit mary, lesdits meubles, ou l'estimation d'iceux, & de se departir à leur prouffit de la iouyssance desdits acquests à elle donnez : & quant à la femme, s'elle n'a aucuns enfans, elle peut par testament, ou autre disposition, & ordonnance de volonté dernier, donner en proprieté à son mary. ses meubles & acquests faits constant leur mariage, moyennant qu'elle n'y soit forcée & contrainte. Mais ayant enfans, elle ne peut faire donation quelconque à sondict mary.

III.

Les donataires de meubles vniuersels, sont tenus des debtes passiues & frays funeraux du donnant Car par la coustume les debtes suyuent les meubles pour la part que l'on prend aux meubles.

IIII.

Peuuent deux conioints par mariage, se donner l'vn à l'autre entre vifs recompense & re-assignal du bien de ligne, vendu de l'vn desdits conioints constant leur mariage.

V.

Donner, & retenir ne vaut, ceſt à dire, qu'vne perſonne ayant donné entre vifs ſon bien, ou partie d'iceluy, & elle retient la choſe donnée, ſans en faire tradition, & deliurance, telle donation ne vaut: Mais s'elle en retient par exprés l'vſufruict, ou ſe conſtitue le tenir au nom du donataire, & par precaire, telle choſe vaut deliurance, & ſortira ſon effect ladite donation, & ſera le donataire ſaiſy de la choſe donnée,

DES RETRAICTS LIGNAGERS.

TILTRE NEVFVIESME,

ARTICLE. I.

PAR la Coustume dudict Bailliage, si aucun vend, ou donne en payement sõ heritage de ligne, ou bien si tel heritage est vendu, & adiugé par decret, & authorité de iustice, a personne estrange de laditte ligne, le parent, & lignager du vendeur, ou de celui, sur qui ledit heritage aura esté saisi, & decreté du costé & estoc d'où meut, & procede ledit heritage, peut dedans l'an, & iour de la publication dudit vẽdage, le retirer par retraict lignager, en remboursant l'achepteur, ou l'adiudicataire du pris dudict vendage, & des frais & loyaux cousts: A l'effect de quoy l'achepteur, ou adiudicataire, sera tenu de faire publier par trois Dimanches subsequents à issuë de Messe parrochiale, au deuant de l'Eglise du lieu, ou ledit heritage sera assis, l'acquest par luy faict: Et ne courra le temps de la retraicte, sinon du iour de la derniere desdittes trois publicatiōs,&está laditte retraitte receu le lignager, qui se presente le premier, sans auoir esgard, s'il est le plus proche, ou non: Mesmement si ledict heritage est vendu sous grace,& faculté de rachap, il sera loisible audict lignager, de le retirer dedans l'an, & iour de laditte derniere publication, auec la mesme charge neantmoins de laditte faculté de rachapt. Comme aussi laditte faculté expirée par vendage, ou autrement, il pourra dedans l'an, & iour de l'expiration d'icelle, venir à la retraicte.

II.

Et faut que celuy qui se presente audict retraict, offre à l'achepteur de rembourcer les deniers par luy desbourcez, pour le pris de la chose, &de satisfaire au payement dudict pris, apres qu'il en sera deüement certioré: Et en cas que l'achepteur acceptera de reprendre ces deniers, ledit retrayant sera tenu luy deliurer promptement, s'il les a offerts en iugemēt. sinon luy sera prefigé l'octaue pour ce faire, & à faute de ce ne sera par apres receu á la retraitte, & faut faire offre de rembourcer ledict accepteur, des loyaux cousts, apres la liquidation d'iceux, & à ceste fin bailler caution, ou obliger tous & chacuns ses biens, & si ledit achepteur refuse lesdits deniers, le retrayant les doit consigner en Iustice, à peine d'estre deboutté de ses fins de retraicte, & obtenant aux fins d'icelle, il gaignera les fruicts de la chose qu'il pretend retirer, depuis le iour de laditte consignation.

III.

En donation, ny eſchange, retraict lignagier n'a lieu & neantmoins s'il y a ſoulte en eſchange, excedant la iuſte eſtimation de la choſe baillée auec laditte ſoulte, en eſchange retraict lignagier aura lieu, cõme ſemblablement, ſi la contreſchange eſtoit donné en meubles.

IIII.

L'achepteur eſt tenu ſe purger par ſerment du pris, & d'exhiber les lettres de l'acqueſt, comme pareillement eſt tenu le retrayant d'affirmer par ſerment, ſi c'eſt pour luy, de ſes deniers, ſans dole, fraude, ou paction de le rendre á autruy qu'il faict la retraitte, & ſi eſt encores le vendeur tenu ſe purger par ſerment dudit pris, ſi le retrayant le requiert.

V

Et ſi le retrayant, pour proroger le temps de retrait, & a fin de faire deuoir dedans l'an, faiſoit adiourner l'achepteur, il ne pourroit faire donner l'aſſignation à plus long temps que de quinze iours, apres ledit an, & iour. Et encores en ce cas, faudroit il que l'adiournement fut faict dedans l'an, & iour, auec conſignation en iuſtice, du pris que le retrayant eſtimeroit auoir eſté actuelement deſbourcé par l'achepteur, & offres de ſatisfaire au ſurplus dudit pris, & aux frais, &

loyaux couſts, apres que ledict retrayant en feroit deuëment certioré, meſmement au cas que la choſe feroit vendue à credit, & les payemens du pris remis à certains termes, ledit retrayant feroit tenu de bailer audit achepteur aſſeurãce ſuffiſante de l'en acquitter & deſcharger, enuers le vendeur. Le ſemblable auſſi deuant eſtre obſerué, encores que l'aſſignation ſoit dedans l'an, & iour du vendage publié.

VI.

Le lignager eſt tenu de rembourcer l'achepteur des impenſes, & miſes faictes aux reparations, & labourages neceſſaires de l'heritage, pourueu qu'il en cõſte mais ne doit autrement ledit acqueſteur, durant les temps du retraict (ſi ce n'eſt par authorité de iuſtice expreſſe, à certaine occaſion occurrente) changer, ou alterer la nature, & qualité de l'heritage vendu, ou y faire baſtimens, & refections non neceſſaires, autrement ſe met au hazard d'en demeurer ſans reſtitution, voire, ne peut faire recolte, ou leuee des fruits en autres temps qu'il n'eſt accouſtumé, ſoit par peſches d'eſtãgs, abbatis, & couppe d'arbres, bois ou autrement: Et s'il le faict, & l'heritage retraict ſe trouue à telle moyen auoir eſté deterioré, ou amoindry, ſoit en fond, ſoit en prouffit, ou reuenu, il ſe rẽd non ſeulement ſu-iet à la reſtitution, de ce qu'il aura ainſi hors temps, prins, & leué, mais aux dommages & intereſts du retriant.

DES PERSCRIPTIONS

TILTRE DIXIESME.

ARRTICLE I.

TOVTES prescriptions, pour acquerir bien d'autruy, ou conseruer le sien, sont par laditte coustume reduittes á trente ans cõtinuels, & accomplis excepté que contre l'Eglise est requis, l'espace de quarante ans, encor á commencer du iours du trespas de celuy qui aura aliené le bien de l'Eglise, que l'on pretendra estre prescrit.

II.

Neantmoins, ne court la prescription contre mineurs, pendant leurs minoritez, ny autres personnes, qui ne peuuent agir, & poursuiure leurs droits en iugement, & n'a lieu laditte coustume és actions, & poursuittes, qui se doiuent intenter, & faire dedans trois ans, ou au dessous.

Le vas-

III.

Le vassal ne peut prescrire contre son Seigneur feodal les droits, & deuoirs qu'il est tenu luy faire, à cause dudict fief, ny le Seigneur contre le vassal.

IIII.

En place vuide, & heritage non clos, ne se peut acquerir droit de seruitude sans tiltre, par quelque laps de temps que ce soit, & partant si les esgouts, & eaux d'vne maison, auoyent cheu par trente, ou quarante ans, ou autre plus long tẽps en place vuide, ioingnãt laditte maison, ou que l'on ait prins iour sur icelle, ou que l'on ait passé, & repassé par vn heritage non clos, ny cultiué, pour cela l'on n'auroit sur laditte place, champ, ou heritage, acquis droict de seruitude.

V.

On ne peut acquerir seruitude discõtinue sur fond d'autruy, si l'on n'a tiltre ou possession, par temps immemorial.

VI.

Seruitude de iour, ne se peut prescrire par quelque laps de temps que ce soit, n'est doncques qu'il y ait en la fenestre, battes, & assietes de ventillon, ou grilles, & arraignes du dehors de laditte fenestre, qui sont signes & marques de seruitude de iour, ou bien qu'il y ait tiltre, & constitution.

VII.

Auſſi droit de tailles,couruees, charrois,& autres redeuances, & preſtation s perſonnelles, comme ſéblablement droit de cens, & rente annuelle, ne ſe peuuẽt acquarir, ſans tiltre,ſinõ par tẽps immemorial

VIII.

Et d'autre part, leſdits droits ne ſe peuuent preſcrire par les ſuiets, ou debteurs, contre les Seigneurs, ou creanciers, ſinõ par meſme eſpace de tẽps immemorial, ou bien par l'eſpace de trẽte ans apres la cõtradiction par eux faicte, de ſatisfaire auſdites preſtations

IX.

En l'action de retraict lignager, le temps introduit par la couſtume court cõtre toutes perſonnes, ſoient mineurs, abſents, ou autres, ſans eſperance de relief.

X.

Les rachapts des rẽtes,& gagieres accordees à tous bõs points,& toutes & quãtes-fois ſont impreſcriptibles, & ſe peuuẽt faire toutes & quãtes-fois que bon ſemble au vendeur, ou engageur, leurs heritiers, ou avãs cauſe,encores que par la cõſtitutiõ d'icelle,il ſoit dit que les rentes ſõt petpetuelles,& à touſiours-mais.

XI.

Arrerages de cens rentes conſtituees à pris d'argent, & d'autres droictures annuelles,ne peuuent eſtre demandez de plus,que de cinq annees dernieres.

XII.

Les marchans vendans en detail, ne ſont receuables entre preſents, a faire demāde, & pourſuitte, pour le payement du pris des marchandiſes, par eux venduës, & diſtribuees en détail, ſinon que leur action, & pourſuitte, ait eſté intentée en iugement, dedans l'an de la vēdition, & deliurāce deſdites marchādiſes.

XIII.

Auſſi deniers deus pour norriture, & inſtruction d'enfans, ouurages d'artiſans & mercenaires, loyers, & ſeruices de ſeruiteurs, & chambrieres eſtans ſortis du ſeruice de leurs maiſtre, ou maiſtreſſes, ſe preſcriuent par le laps de deux ans, ſi la pourſuitte n'en eſt intentee, & commencee en iugement. dedans leſdits deux ans.

XIIII.

Le tout que deſſus tant pour leſdits arrerages de cens, rentes, & droictures annuelles, que pour leſdites marchādiſes vēduës, & diſtribuees en detail, nourriture, & inſtruction d'enfans, ſalaires d'ouuriers, & mercenaires, ſeruices de valets, & chābrieres, eſt entendu auoir lieu, pourueu que ſur iceux, ny ait interpellation iudiciaire, arreſt de cōte, recongnoiſſance, cedule, ou obligation expreſſe, auquel cas l'action ne ſe preſcriroit que par le laps de trente ans.

DES CENS ET RENTES.

TILTRE VNZIESME.

ARTICLE. I.

LE Seigneur du cẽs n'est tenu de diuiser iceluy, tellement que s'il y a plusieurs detenteurs de l'heritage affectè audit cens, il se peut addresser auquel d'iceux, que bon luy semblera, sauf à luy son recours contre ses comparsonniers.

II.

A faute de payer les cens foncier, l'heritage affectè audict cens peut estre criè & subhastè, & adiugè au Seigneur du cens, en sorte que le Seigneur du cens apres auoir demandè ledit cens au detenteur de l'heritage affectè, peut faire crier ledit heritage par trois Dimanches subsecutifs, & le quart d'abondant à l'issuë de la messe parrochiale, & en signifiant lesdittes criées parfaites audit detenteur, & luy enioingnant d'en aduertir le proprietaire, à peine d'en estre tenu enuers ledit proprietaire, & lesdittes criées parfaittes faire donner aſſignation auſdits detenteurs, pour veoir adiuger ledit heritage au ſieur du cens, á cauſe de cens non payér, & en cas qu'il y aura oppoſition, donner aſſignation aux oppoſans pour dire les cauſes de leurs oppoſitions, le iuge ayant veu le rapport du Sergent, ou Doyen qui auroit fait leſdictes criées adiugera les heritages au ſieur dudit cens non payé, neantmoins ſi le debteur du cens vient dedans l'an & offre payer le cens, il y ſera receu en payant les frais de Iuſtice.

III.

Toutes rentes vendues à rachapt ſortiſſent nature de meubles, ſe duiſent, partagent, & reiglent entre les conioints par mariage ou leurs heritiers, comme autres méuble, neantmoins quand elles eſcheoient, & obuiennent par ſucceſſion, elles ſont par apres cenſees nature de ligne.

DES SERVITVDES REELLES.

TILTRE DOVZIESME

Article. I.

VN voiſin peut hauſſer vne muraille moitienne, & commune, ſi haut que bon luy ſemble, à ſes deſpens, ſans le conſentement de ſon voiſin, pourueu que ladicte muraille ſoit aſſez forte, & ſuffiſante, pour porter la charge. en reparent les ruines qu'il pourroit auoir fait en baſtiſſans, mais ſi le voiſin ſe veut par apres ſeruir de ce que ſon voiſin aura rehauſſé, il ſera tenu luy rendre la moitié de l'eſtimation de la muraille re-hauſſée.

II.

Le voiſin, & comparſonnier peut percer tout outre la muraille commune, pour aſſeoir ſes ſommiers, & autres bois, & pierre, en rebouchãt les pertuis, & les remettãt en eſtre, tel qu'ils eſtoint au parauãt, neantmoins il ne peut aſſeoir les bouts deſdits ſommiers tout outre ladicte muraille : ains doit laisser espace pour faire vne dente de massonnerie, du costé du voisin.

III

Item l'on peut en muraille moitienne faire armoires, arcades, & cheminées, au dedans de ladicte muraille, iusques au tiers tant seulement, toutesfois pour asseoir les boutãs, lansiere, & iambage desdictes cheminées, arcades, & armoires, l'on peut percer ladicte muraille d'outre en outre.

IIII.

La muraille commune se cognoit, en ce que les bois & somiers des deux voisins sont & reposent en icelle, ou qu'il ya fenestre coye aux dedans de ladicte muralle mise d'ancineté, n'est doncques que l'vn des voisins ait eu permission de celuy auquel la muraille appartient, d'appuyer & mettre les bois, & dont apparoisse par tiltre ou autrement deuëment.

V.

Nul ne peut faire latrines, & rettricts cloaques, fours, puis, & esgous d'eau sur son heritage, contre l'heritage d'autruy, si non que la muraille moyenne demeure entiere & sans estre escorchée.

VI.

Tous les heritages assis sur chemin herdal, pasquis,& aisances de ville sont tenus de cloison depuis la Sainct George, iusques apres que les fruits,& chaptez sont leuez sous l'amende, comme pareillement toutes vignes sont tenuës de cloison, encores qu'elles ne soient sur chemin, ains ioignantes à autres heritages.

DES.

DES PASTVRAGES, ET VSAGES.

TILTRE TREZIESME.

ARTICLE I.

LEs habitans de deux villes, ou villages, qui ont leurs bans ioingnans, & cõtiguz l'vn de lautre ſans moyen, peuuent, & leur loiſt mener, & enuoyer en vaine paſture, leurs beſtes groſſes & menuës, les vns ſur le bans des autres, iuſques à l'endroit des eſquarres des clochers deſdicts villages, & en defaut de clochers, iuſque au milieu du village.

II.

Mais s'il y a rieuiere, ou bois de Seigneur entre leſdictes ville, ou villages qu'il y ait paction, & conuenance entre les communautez, ou bien lieu limité & aborné, faiſant ſeparation de leur vain paſturage, ladicte Couſtume n'a lieu.

III

La vaine pasture est entendu par ladicte Coustume, sur les terres en friche, en sommartz, & versaines, & non ensemencées, & en bruires, hayes, buissons & prez apres la faux.

IIII.

Item les fruicts sauuages tombez naturellement sous les arbres, ou par violance des ventz, & sans le fait de l'homme, sont de vaine pasture.

IV.

Neantmoins lesdictes communautez, & chacunes d'icelles ont droict d'embannir, & mettre en escharmie, & espargne vne partie de leur ban, soit en terres labourables, prez fauchables, bois, ou autres heritages : laquelle embannie, ils sont tenus faire signifier aux habitans des villages voisins, qui ont droict de vain pasturage sur eux, & depuis ladicte signification il n'est loisible ausdictes communautez d'enuoyer leur bestail en vaine pasture esdits lieux embannis, sur peine de l'amende indit. Mais incontinent que ladicte embannie sera rompue, & que les habitans, qui aurõt fait ladite embannie, enuoyerõt leur troupeaux esdits lieux, il sera permis aux habitans des villages voisins d,y enuoyer les leurs, par mesme moyen

VI.

Et se doit ladicte embannie faire en sorte, que par icelle le passage ne soit fermé aux habitans des villages voisins, pour passer & repasser leurs troupeaux allans & reuenans de pasture des autres endroicts du dit finage, & le tout sans dol ny fraude.

VII

Et si lesdits habitans enuoyient pasturer leurs bestail outre lesdits esquares, & limites, & ils estoient reprins & gagez, ils seroient amendables de soixante solz d'amende, pour chacune proye y trouuée, sous vne garde ou baston, auec restitution de dommage.

VIII.

Les grasses pastures sont, & appartiennent aux habitans des villes, & villages, oú elles sont assises, n'estoit que leurs voisins eussent tiltre au contraire, ou fussent en possession de temps immemorial d'en iouïr & vser,

IX.

Les habitans des villes, & villages és finages desquels y a bois, ou forests appartenans à nostre souuerain Seigneur, ou autre Seigneur, ne peuuent auoir vsage en iceux bois, sinon en payant quelque redeuance, ou bien qu'ils ayent tiltres, ou possession immemorial au contraire.

X.

Quand aucuns habitans ont droit de pasturage en vn bois, soit en vaine, ou grasse pasture, tels vsagers ne peuuent enuoyer leurs bestes en pasturage és nouueaux taillíz desdits bois, sinon de sept ans apres la couppé és lieux de montagne, & moins fertils.

XI.

Les bourgeois, & autres habitans dudit Bailliage sont tenus en prohibition & deffense, & ne leur loist de faire trouppeau à part, pour tenir en vaine pasture sur le ban des villes, ou villages, où ils font leur residance, n'est doncques qu'ils soient hauts iusticiers, ou qu'ilz ayent priuilege au contraire, comme dit est cy dessus, ou qu'ils resident en vne cense, & gagnage loing de ville, ou villages.

XII.

Il n'est loisible en quelque temps que ce soit, de mener aucunes bestes aux vignes pour pasturer, n'y porcs aux prez, à peine d'amende, & de domage, & interests.

XIII.

Pendant le temps que les terres sont emblauées, il est prohibé mener bestes pasturer aux champs, tenants, & continguz aux heritages empoüillez, &

emblauez auant le poinct du iour, & de les y tenir apres le soleil couché. Mesmement quand lesdictes bestes y peuuent faire dommage irreparable.

XIIII.

Quand oyes, ou cannes sont trouuées en dommage, il doist au Seigneur, ou detenteur de l'heritage en tuer vne, ou deux, & les laisser sur le lieu, ou les iecter deuant ledict heritage sans autrement les transporter ou en faire autre prouffit, & s'il ne les veut tuer, il les peut faire reprendre par les messiers, pour auoir reparation de ses dommages, & interestz.

XV.

Les arbres sauuages fruictiers percrus és terres arables, ou prairies non tenuë en cloison, sont par ladicte Coustume censez cõmuns, & ne doist à aucun particulier les coupper sans authorité & permission du Seigneur haust iusticier, ou du Gruyer du lieu, ia çoit que lesdits arbres sauuages soinent percrus, & nourris en son fond, & ne peut ledit Seigneur du fond s'attribuer le fruict desdits arbres, s'il n'y a vsage au contraire.

XVI.

Le temps de paisson & grenier des forestz & bois de haute fustaye, dure depuis la nostre Dame en Septembre, iusques á la purification nostre Dame, & le recours dure depuis ladicte purification iusques à la mi-May, & depuis la mi-May, iusques audict iour de nostre Dame en Septembre, est l'erbage.

XVII.

Et sont reputez hautz bois, & de haute fustaye, bois qui sont bons à maisonner, edifier portans glands, & paissons & qui sont en lieu, oú il n'est memoire d'auoir veu labourage, esquels durant le temps de grenier, l'on ne peut mener porcs, ny autres bestes, sans le consentement du Sieur, on de son fermier, & si aucunes bestes y sont trouuees, les maistres d'icelles sont amendables, suiuant l'ordonnance de nostre souuerain Seigneur, sur le fait de la gruerie. Signé Iean Comte de Salm, Mareschal de Lorraine, Gouuerneur de Nancy, &c. Theodore de Lenoncourt, Conseiller d'Estat de son ALTESSE, Bailly de Sainct-Mihiel, &c. Antoine de Lenoncourt, Conseiller d'estat de son ALTESSE, Prieur de Lay, &c. Iean de Pourcelets Maillane, Bailly de l'Euesché de Metz. Iacques Bournon, President en la cour des grands iours de Sainct Mihiel. Maimbourg, Maistre aux Requestes. M Bouuet, President de Nancy. Boucher, Secretaire ordinaire Gondrecourt, Conseiller des grands iours. Iean Bourgeois, Procureur general de Barrois. P. Galloys, Lieutenans particulier au Bailliage de Sainct Mihiel.

PROCEZ VERBAL

FAICT SUR LA CONVOCATION & assemblé des trois estats du Bailliage de Sainct-Mihiel & l'election, & nomination des deputez, pour la redaction par escrit des Coustumes dudict Bailliage.

COMME dés le cinquiesme iour de Septembre dernier passé, pendant l'extreme, & mortelle maladie, de feu Perin de Vvatronuille, en son viuant Sieur dudict lieu, Maisey, &c. Conseiller, & Châbelan de nostre Souuerain Seigneur, & son Bailly de Sainct-Mihiel, Blaise l'Escuyer Licentié és droicts, Lieutenant general audict Bailliage, eut receu les lettres patentes de nostredict Seigneur, adressees ausdicts sieurs de Vvatrôuille, ou son Lieutenant: & qu'à l'effect d'icelles lettres patêtes ledit Lieutenant, eut le sixiesme dudict mois decerné au nom dudict sieur de Vvatronuille, lettres de commision, contenantes lesdictes lettres patentes, dont la teneur s'ensuit. Perin de Vvatronuille, Sieur de

Maizey ſur Meuze, Ranzieres, &c. Conſeiller, Châbelan de noſtre Souuerain Seigneur, Monſeigneur le Duc de Calabre, Lorraine, Bar, Gueldres, &c Et Bailly de Sainct-Mihiel, Au premier Sergent dudict Bailliages qui ſur ce ſera requis Salut: Receuës auōs les lettres patētes de noſtredit Souuerain Seigneur, dont la teneur s'enſuit, CHARLES PAR LA GRACE DE DIEV Duc de Calabre, Lorraine, Bar, Gueldres, Marchis, Marquis du Pont-à-Mouſſon, Comte de Prouence, Vaudemont, Blamont, Zutphen, &c. A noſtre treſcher, & feal Conſeiller, & Bailly de Sainct Mihiel, le Sieur de Vvatronuille, ou ſon Lieutenant, Salut: Comme pour l'acquit du deuoir, & charge, qu'il a pleu à Dieu nous donner, par le regime, & adminiſtration qu'il nous a commis des ſuiets eſtant en noz païs, terres, & Seigneuries, nous ſoyons principalemēt obligez, de leur faire ſoigneuſement rendre, & adminiſtrer iuſtice, eſtabliſſans loix certaines, ſelon leſquelles ils ſe puiſſent regler, & conduire, afin d'euiter les longueurs, & grandes inuolutions de procez, par leſquels s'engendrent inimitiés entre eux, auec ruïne, & conſommation de leurs biēs & ſubſtances, & ſoit ainſi que pour pluſieurs troubles meuz, & ſuſcitez par cideuant, tant par les guerres qui ont longuemēt regné, que par autres empeſchemens à nous ſuruenus, nous n'ayons peu iuſques à ceſte heure aduiſer ce que ſeroit neceſſaire, & expedient d'ordōner ſur les Couſtumes tāt generales, que muni-

municipales de nosdits païs, lesquelles, à ce moyen, seroient demeurees confuses, & pour l'incertitude d'icelles, les parties plaidantes, ont les vnes esté contrainctes de suiure les façon de faire d'autres Prouinces, ou bien de prouuer par tourbes les faictz de Coustumes p'ar eux posez, & articulez, d'où est procedé, que souuentes fois par faute de preuue, les parties õt succumbé de leur bon droict. A quoy maintenant, puis que par la bonté diuine, tous tels troubles sont appaisez, nous a semblé ne pouuoir plus cõuenablement ordonner, & pouuoir, qu'en faisant rediger par escrit les Coustumes d'vn chacun Bailliage de nosdits païs, en corrigeant, & amendant, par l'aduis des Estats, ce qui seroit à corriger, & amender, & aussi en adioustãt, ou diminuant ce qui seroit à adiouster, ou diminuer: afin de rendre toutes choses plus certaines, & establir lesdictes Coustumes doresenauãt par loix inuiolables, pour ce est il, que nous avãs tenus le tout en deliberation des gens de nostre conseil, & eu sur ce leur aduis, vous mandons, & chacun de vous ordõnons, que ceste par vous receuë, vous signifiez, & faciez signifier aux gens d'Eglise, Vassaux, & gens de la noblesse, & à ceux du tiers Estat, qu'ils aduisent entre eux de commettre, & deputer iusques a deux, ou trois personnages des plus notables d'entre eux & d'vn chacun desdits Estatz, pour se trouuer audict Sainct Mihiel, suffisammẽt fondez de procuration, dedans le XXIII. du mois d'Octobre prochain, & aduiser per ensemble, ouys sur ce les gens de nostre cõseil, Procureurs, & Aduocats, sur le cayer, & article qui leur sera par vous proposé, & mis en auant, & à iceluy adiouster. & diminuer, declarer, & interpreter ce qu'ils verront estre à faire, pour le bien, & repos public, & le tout fidelement rediger par escrit, auec leurs aduis, signé desdits deputez, pour apres nous le renuoyer fealement clos, & seelé, & estre par nous procedé à la verification, & approbation desdictes Coustumes, ainsi que trouuerons estre a faire par raison, pour plus grande authorité, & efficace desdictes Coustumes. De ce faire vous auons donné, & donnons pouuoir, mandement, & commission speciale voulans, à vous en ce faisant estre obey, & entendu diligemment, par tous qu'il apparttiẽdra car ainsi nous plait en tesmoing dequoy nous auons signé ces prisentes, de nostre propre main, & à icelles fait mettre, & appendre nostre grand seel, Que furent faictes, & données en nostre ville de Bar le xiii. iour du mois d'Aoust, L'an mil cinq cent soixante & vnze. Ainsi signé Charles, & sur le dos y a escrit par Monseigneur le Duc, &c. Les Sieurs Euesque, & Comte de Toul chef du Conseil, de Melay grand maistre chef des finances, Gouuerneur de la Mothe, maistre des requestes ordinaire, & de Neuflotte presens. Pour secretaire soubsigné M. Bouuet *Registrata idem pro*. M. Henry, ledict Bouuet & seelees du grand seel de nostredict Seigneur, en cire vermeille, A l'effect desquelles lettres, vous mandons adiourner à cris publics faits en iour de marché de chacune Preuosté d'iceluy Bailliage, si marché y a, sinon aux auditoires & sieges ordinaires desdictes Preuostez, pendant les iours de plaidoiries, & audiances des causes. Les gens d'Eglise vassaux & gens de la noblesse, ceux du tiers estat, & tous officiers de nostredict Seigneur, & de ses vassaux residans audict Bailliage, à estre & comparoistre en personnes, ou par procureurs suffisammēt fondez de procurations, par deuant nous, ou le Lieutenant general dudit Bailliage, à l'auditoire des causes d'iceluy Bailliage, au xxiii. iour d'Octobre prochainement venant: ou qu'ils commettent, & deputent, iusques à deux, ou trois personnages des plus notables d'entre eux, & d'vn chacun desdits estatz, fondez de procurations suffisantes, pour aduiser par ensemble sur les cayers & articles de Coustumes, qui leur seront par nous, ou ledict Lieutenant proposez, & mis en auant, à icelles adiouster, & diminuer, declairer, esclaircir, & interpreter ce qu'ils verront estre à faire, pour le bien, & repos public, & le tout fidelement rediger par escrit, auec leur aduis signé desdits deputez, & par apres estre renuoyez fidelement clos, & seelez à nostredit Seigneur, afin de proceder à la verification & approbation desdictes Coustumes, auec intimation, que viennent ou non, sera par nous procedé à l'execution desdictes lettres patentes, & afin que nul n'en puisse pretendre cause d'ignorãce vous afficherez en chacun lieu desdictes criées, copie signée de vostre main des presentes, & de vos exploits Et ordõnerezà chacun Preuost, & Chastelain de cedit Bailliage, d'en faire tenir copie, aux frais de qui il appartiẽdra, ácha-cun mayeur des ressorts de son office, pour estre particulieremẽt notifiez, & publiez, vn iour de Dimãche á l'issuë de la Messe deuant le grand portail de l'Eglise parrochiale de sa mayrie, & de vos exploits nous ferez fidel rapport, de ce faire vous dõnons pouuoir, & dõnons en mãdement àtous vassaux subiets, & autres dudit Bailliage, à vous en ce faisant estre obey, & entẽdu diligẽment, dõné audict Sainct-Mihiel, sous nostre seel, le sixiesme iour du mois de Septẽbre, l'an mil cinq cẽt soixãte & vnze. Signé Vallon cõmis, & seellé en cire verte, du seel dudit Sieur Bailly, En vertu desquelles seroient esté appellez, & conuoquez audict Sainct-Mihiel, en personnes, ou par trois des plus notables d'entre chacũ desdits estatz, choisis, commis, & deputez suffisammẽt fõdez de lettres de procuration, dedãs le xxiii. iour du mois d'Octobre suiuant, & aduiser par ensemble, les Procureur & Aduocat de nostredit Seigneur ouïs sur le cayer, & articles qui leur seroẽt proposez, & mis an auant, par ledit Bailly, ou Lieutenãt, & à iceluy adiouster & adminuer, declairer & interpreter, ce qu'ilz verrõt á faire pour le bien, & repos public, & le tout fidelement rediger par escrit, auec leurs aduis signez desdits deputez, & parapres le renuoier à nostre dis Seigneur, fidelement clos, & seelé, auãt lequel xxiii. iour d'Octobre, ledict sieur de Vvatronuille seroit decedé, & nous Iean de Lenoncourt, sieur de Serre, la Neufuille au bois, &c. Serions esté prouueu de nostredit Seigneur de l'estat de Bailly dudit sainct-Mihiel, & aurions receu mandement exprés nous transporter audit sainct Mihiel, ledit xxiii Octobre, pour executer ses Ordonnances, & commandemens, sur lesdits faicts de Coustume, obtemperant ausquelles ordonnances, & commandemens, serions party de sa ville de Nancy, & arriué audit sainct-Mihiel le xxii. dudit mois d'Octobre au giste, & le lendemain xxiii. enuiron les sept heures du matin, assisté dudit Blaise L'escuyer, nous serions transporté à l'Auditoire des causes dudit Bailliage, ou nous seroit esté remonstré par maistres Anthoine de Rosieres Aduocat, & Iean le Pougnant, Procureur general de nostredit Seigneur au Duché de Bar, lesdits trois estats estre appellez comme dit est, & ainsi qu'il nous pouuoit paroistre par les rapports des sergens, executeurs desdittes lettres de commission, Nous requerans deffaut contre les non comparãs ayans iour, & que nonobstant leur absence, soit par nous procedé à l'execution desdites lettres patentes, en ce que nous touche. SATISFAISANT ausquelles requestes auons faict appeller lesdits estats, par Didier Barrois Greffier audit Bailliage, & premier, celuy du Clergé, qui s'est presenté par les personnes qui sensuiuent, SÇAVOIR Reuerend Pere en Dieu, messire Pierre du Chastelet Euesque, & Comte de Toul, Abbé commendataire de l'Abbaye S. Martin, transportée d'auprés de Metz, à Nancy, à cause des terres, & Seigneuries qu'il tient audit Bailliage, mouuantes de laditte Abbaye, par Anthoine de Fontenoy Escuyer, sieur de Sorcy en parti Reuerend Pere Domp René Merlin Abbé dudit sainct-Mihiel Dõp Estienne Maillet, Prieur Claustral de laditte Abbaye, tant au nom des Religieux, & couuent, que cõme Prieur de sainct Blaise, & comme Procureur de messire Raulin Fresеme, Prieur de Viel-moustier lez sainct-Mihiel, fondé de procuration. Reuerend Pere, Iean d'Aulnoy Abbé de sainct Benoït en Vvoipure, tant en son nom, que de ses Religieux, & couuent. Reuerend Pere Nicolas François Abbé de S. Piermont, tant en son nom, que de ses Religieux & couuent: encores au nom de Reuerend Loys Coquerey, Abbé de Iustemont, & de ses Religieux. Les Abbé, & Religieux d'Ornac, à raisons de ce qu'ils tiennent audict Bailliage, par Domp Ponce, leur procureur. Reuerend Pere Nicolas Viuenet, Abbé de Rangeual, pour luy, & ses Religieux. Venerable & Religieuse personne maistre Iean Vlric, commandeur de sainct Anthoine du Pont-à Mousson Religieuse personne N. Prieur de Cons, par messire Didier Bertier. Venerable personne maistre Didier Raullet, Prieur commendataire du Mont sainct Martin lez Longvvy, par maiſtre Iean Boſmard, Aduocat audit Bailliage. Les venerables Doyen, Chanoines & Chapitre de Verdun, par maiſtre Nicol Boſmard, Chanoine en laditte Egliſe, & Archidiacre. Les venerables Doyen, Chanoines, & Chapitre de l'Egliſe Collegiatte de la Magdelaine, audit Verdun, par ledict Boſmard. Les venerables preuoſt, & Chanoines de l'Egliſe Collegiatte ſaincte Croix du Pont-à Mouſſon, par venerable perſonne meſſire Iean Vigneron, Preuoſt en laditte Egliſe. Dom Oliuier de Liege, Prieur de Sancy Le Prieur d'Amelle par Cleſſe Iacob. Le Prieur de Viuier. Le Prieur de Dun, par Iean Vicaire. Les venerables Preuoſt & Chanoines de l'Egliſe collegiatte de ſainct George à Briey, par maiſtre Iean Henry, Chanoine en laditte Egliſe, Les venerables Doyen & Chanoines de l'Egliſe ſaincte Agatte à Lõguyon, par maiſtre Nicol Genin, Chanoine en laditte Egliſe Venerable perſonne maiſtre Iacques de la Roche, Chancelier en l'Egliſe de Verdun, à cauſe de ſa Seigneurie de Moüauille, par ledict maiſtre Iean Boſmard. Reuerende Dame Françoiſe de Failly, Abbeſſe de Iuuigny par ledict Boſmard. Les Curez dudit ſainct-Mihiel, Refroicourt. Banoncourt, la Croix ſur meuze, Ambly, Troyon, Fraiſne au mont, Somedieuë, Mouſſot, Dompierre aux bois, Courouure, Meſcrignes, Vvadonuille, ſainct Iulien, le Vicaire de Fremereuille, Lonchamp, Hanonuille ſous les coſtes, Hanonuille au paſſage, la Chaucée, Thiaucourt,

Beney, Pannes, Labeufuille, Dompmartin les montaignes, Ganauuille, Saint Priué, Iuf, Ville ſur Yron, Lubey, Sainctail, Abbeuille, Bouuigny, Alliers, Bouiuille, Iarny, Labrie, Dompierre en Vvoipure, Brainuille, Mouſtier, Imonuille, Sancy, Anderny, Rechicourt, Houdelaimcourt, Beuuille, Eſpiey, Villotte, Serauuille, Mallauillers, Boulenges, Grimilly, Ranque-vaux, Moyeuure, Rombas, Rochelange, Victy, Mance, Pierreuillers, Lommeranges, Malancourt, Ammeuille, Nourroy deuant Metz, Neuchief, Trieux, Puix, Ioudreuille, Mandres aux quatre Tours, Anſauuille, Eſſey en Vvoipure, Xiurey, Brouſſey, Vertuzey, Nonſart, Seicheprey, Gironuille, ſainct Bauſſam, Laheuille, Aulnoy, Vertuſey, Bouconuille Eſtain, Rouure, Amelle, Goraincourt, Senon, Spincourt, Maizery, Chaſtillon ſoubs les coſtes Sainct-Maurize lez Eſtain, Belchamps, Parey, Haruille, Molainuille la haut, Marcheuille, Villers en hey, Leſſe, Madieres, Bernecourt, Saincte Croix en rue, Geſainuille, Saint Laurent du Pont, Lironuille, Aurainuille, Louuigny, Serrieres, Giſoncourt Clemery, Mouſſon, Eſton, Noſtre Dame du Pont, Domepure, Manonuille, Nonuiant aux Prez, les Chanoines de Liuerdun comme Curez de Rozieres, le Curé de Sognes, Trougnon, Buxieres, Buxerulles, Vvinuille, Brulles, Rupes, Charmes, Sainct Manſuid, Bouch, Chauley, Dõpieu, Durup, Germiny, Ley, Dandilliers, les Chanoines de Nancy comme Curez d'Acraignes, Letricourt, Marly Ioy,

Ioy, Corny, Saulny Sorcy, Sainct Martin, Medonuille, Lesaicourt, Bouffroimon, Dun, Milly, Muruaut, Doucon, Montigny, Villosne, Mont Cunel, Satheny, Mousay, Neuaut, la Neufuille lez Sathenay Baillon, Brouüaine, Viuier, Flabeuille, Ost le petit, Xuroy, Cosne, & Gondrecourt en Vvoipure, cõparans en personnes, & les autres par Procureurs, & deffaut a esté octroyé contre les Princiers, & Chanoines de Metz, Doyen, & Chanoines de Treues, & Toul, Abbé de S. Mansued, & autres personnes Ecclesiastiques ayans iour CONSEQVEMMENT L'ESTAT DE NOBLESSE S'EST PRESENTEE, A SÇAVOIR, Haut, puissant, & redouté Prince, Monseigneur le Duc de Mercure, à cause de sa Seigneurie des Keures & autres qu'il a audit Bailliage s'est presenté par maistre Anthoine de Rosieres, Licentié és droits, Lieutenant au Bailliage d'Aspremont, & son Procureur en laditte terre des keures. Reuerend Pere en Dieu Messire Pierre du Chastelet Euesque & Comte de Toul, comme sieur de Sorcy, par le sieur de Feron. Hauts, & puissans Seigneurs, Iean, Claude, & Paul, Comtes de Salm, à cause des Barronnie de Viuier, Seigneuries de Ruppe, Louppy, Clemery, & autres terres qu'ils ont audict Bailliage, par Iean Barnel leur Procureur. Hauts, & puissants Seigneurs Iean Federic de Madruche, Comte d'Anie. & Ioseph de Tournielle Comte dudit Tournielles, à cause de leur Barõnie de Boffroimont, par maistre Claude Sarrazin, Licẽcié és droits,

Procureur au Bailliage d'Aſpremont. Meſſire Bernardin de Lenoncourt Cheualier de l'ordre du Roy, ſieur de Gondrecourt, &c. Tant en ſon nom, comme au nom de Charles de Lenōcourt ſon frere. Meſſire African de Hauſſonuille, Baron, & ſieur dudict lieu, Tichemon, &c. Claude de Beauuaux, ſieur de Manonuille, Noueāt au prez en perſonne. Meſſire Didier de Landres Cheualier, ſieur dudit lieu, Maruïlle, Auillers, Capitaine de Briey. Meſſire Gerard le Boutillier, Cheualier, ſieur de Bouuigny, Boulanges, &c. Seneſchal de Lorraine, & Capitaine de Prenny, par Iean le Lombart. Antoine de Fontenoy, Philippe de Naiues, René de ſainct Vincent, ſieur de Sorcy, & ſainct Martin. Les Sieurs de Gibommeix, par maiſtre Nicol Huret Licentié és droits, Aduocat audit Ballia ge. Les Sieur & Dames de Chambley, á cauſe de leur Seigneurie de Germiny, Louppy, la Tour en Vvoipure, & autres terres qu'ils tiennēt audit Bailliage, par Loys Pierlot. Le Sieur de Dompmartin, & autres Sieurs dudict Germiny, par Iean Guyot. Les Sieurs d'Acraignes, par Nicolas Cuſinier. Les Sieurs de Bouch, par ledict Philippe de Naiues. Les Sieurs de Crehanges, à cauſe des Seigneuries de Baucourt, & Chaſtel-brehain, par maiſtre Iean Henezō Docteur és droicts, Aduocat audit Bailliage. Le Sieur Adam Bayer de Baupart, à cauſe de ſes Seigneuries de Chaſteau-brehain, la Tour deuant Verton, & autres terre qu'il tient audit Bailliage, par Nicolas de Tilpont, Loys de Lucy, sieur dudit lieu, Taizey, Sorcy, & sainct Martin en partie, par Iacques Gaiget. Messire Nicolas de Gournay, Cheualier, sieur de Secourt, Ginecourt, &c. Par maistre Didier Mengin. Lucion de Fresnel, à cause de ses Seigneuries de Noueant des trois villes, & Sampigny, par Nicolas Noel. Les sieurs de Lesse, par Nicolas Vignonguier, & Claude la Garde. Claude de Riuiere, & ses consors sieurs de Letricourt, par ledict Henezon. Les sieurs de Cherisey par ledit sieur de Frontenoy, leur Tuteur. Les sieurs de Lemond, & Sogne, par Pierre Busselot. Les sieurs d'Aussey, par ledict Busselot Philippe Philippet, Capitaine hereditaire de Mousson, en personne. Les vefue, & enfans feu Iaques de Clemery, sieur & Dame en partie dudit lieu. par Claude Anthoine leur Chastelain. Les sieurs d'Andilliers par Claude Vigneulle, & Philippe de Naiues sieurs dudict Andilliers en partie. Les sieurs de Rogeuille & Viller en Hey, par ledict Henezon. Madame de Dueilly. à cause des Seigneuries de Fremery, & autres que ses enfans possedent audict Bailliage, par Pierre Busselot. Adam de la Tour, sieur de Puix, Iandelize, Brainuille en partie, Capitaine de Conflans. François de Gossey, sieur en partie de Ville sur Yron, Lieutenant de Bouconuille. Nicolas Doncourt, & Nicolas Gerard, par Ienin Petit. Iean Gilles, & Nicolas les Gouuerneurs par ledict Bosmard. Pierre Clement, sieur de Vinneuille en perſonnes, Pierre Clement, Clerc-iuré dudict Conflans, Baſtien Didier, & Iean les Collignons, & François la Vvaraude, par ledit Ienin petit Iean. Perin Bertrand, Preuoſt de Nourroy. Iean le Lombard Sieur d'Obenges. Mengin de Vicranges, Capitaine de Sancy, Sieur en partie de Brainuille, Sauonnieres. Les Sieurs, & Dame de Baſſompiere, par Pierre, de haut Les Sieurs, & Dame de Boulenges, par ledict Lombard, fondé de procuration. Loys de Failly ſieur dudit lieu. Les ſieurs, & Dame de Villote, par Thiebaut de Cuſtine. Les ſieurs Deſpiey, par Ferry de Failly. Les ſieurs de Beſonuault, par Philippes de Champlon, Les Sieurs de Malauillers, par Philippes de Nayues. Philippes de la Haye, ſieur en partie de Couer, par maiſtre Iacob Buſſelot, Licencié ès Loix, Aduocat audict Bailliage. Iean de Mercy ſieur de Clermarat, par Meſſire Didier de Landres ſon beau Pere. Samſon Dantel, ſieur de Tiercelet, par Henry Damerfort ſon Chaſtelain. Seltin Deltz, Sieur d'Ortanges, par ledit Henezon. Dame Elizabeth de Merode, comme tutrice du fils feu Bernard Baron de Malberg, & elle, ſieur Dandeu, par ledict Boſmard. Les ſieurs de Gorcy, pal Arnoud Iean, & Girard de Grocy ſieur dudit lieu. Didier de Circourt, ſieur de Villers la cheute, tant en ſon nom que de ſes conſors Sieurs dudict Villers. Pierre de Champ, Claude Bernard, & Iean de Luzy, ſieur de Pillevvteux, par ledict Henezon Pierre, & Guillaume Detz, ſieurs de Humont,&Rehon, par ledit Arnoud de Grocy. Guillaume de Tiege, ſieur de Pourux, par ledict Ferry de Failly. Claude de Cuſtine, ſieur de Failly, par Thiebaut de Cuſtine ſon frere. Claude de Landres, ſieur de Tichemont par le ſieur d'Auillers ſon beau Pere. Vvary de Sainct Bauſſomme, par François de Gircourt. Les ſieurs & Dames d'Affleuille, par Claude Gilles. Les ſieurs & Dames d'Anderny, par René de Ficquemont, & Philippes de Naiues. Les ſieurs de Moüauille, par leſdits de Ficquemont, & Arnoud de Gorcy. Les ſieurs de Saulny, par Claude de Beauuau ſieur dudit Saulny en partie. Humbert Moitrey, ſieur d'Affleuille en partie. Guillaume des Ancherins, ſieur de Iondreuille. François, & Rober, du Mont. Les ſieurs de Colmey, par Gaſpard Branche, Clerc-juré de Longuyon. Nicolas de Cuſtine, ſieur de Viuiers par Tiebaut de Cuſtine ſon fils. Iean de Humont, ſieur dudict lieu. Anthoine de la vaux, ſieur de Belle fontaine, par Gratian ſon fils. Henry de Lucy, & Iean le Peuch, ſieurs de Gomery, par ledict Branche. Philippes le Brun, & conſors ſieurs de Xinoy, & Maruiſin par ledit Iacob Buſſelot. Iean de Freſneau, ſieur de Trougnon, & des trois villes Par ledict Henezon, Madame de Sāpigny, par Aubin Marchand ſon Procureur. Les ſieurs & Dames de Ranzieres, par Iean Landinot. Les ſieurs & Dames de Sainct Iulien, par ledit Landinot. Les ſieurs de Bonchamp, par maiſtre Iean Buſſelot Licentié és droits, Aduocat audit Bailliage. Chriſtofle de Mercy, ſieur de Friauuille en partie, par Iacob Buſſelot. Chriſtofle des Armoiſes ſieur de Rambercourt. Les ſieurs de Villoſne, par Gratian de la Vaulx, & Maiſtre Nicol Police, Licétié és droitz, Aduocat audit Bailliage. Robert de Gratinot Chapitaine de Dun, ſieur du grand Clery en partie, tant en ſon nom, qu'au nom des ſieurs de Mongnon. Les ſieurs de la Neufuille deuant Sathenay, par Robert la Lance, & ledit Police Aubertin, & Iean de Poüilly ſieurs d'Inor, par ledit Hennezon Les ſieurs de Louppy, à cauſe du Chaſteau bas, par ledit Police. Les ſieurs de Villers, deuant Oruaut, par leſdits Boſmard, & Police. Les ſieurs de la Charmoye, par ledit Police. Henry de Goher ſieur de Broüaine, par Nicolas Haquebutier ſon Chaſtelain. Marc de Faltant, ſieur en partie de Rouure, par Robert la Lance, ſon Preuoſt Iean de Xonot, ſieur de Maiſerey, tant en ſon nom, que de ſes conſors, ſieurs dudit Maiſerey. Les ſieurs ſonciers de Moranuill[e], par Gerard Blanzey, & François Conſtant Les ſieurs de ſainct Maurice lez Eſtain, par Robert la Lance, leur tuteur, & Robert du Mont, mary de la doüairiere. Iean Landinot ſieur de Boncourt, & Preuoſt de Sainct-Mihel. Maiſtre Claude de Seraucourt, Lieutenant en l'Eueſché de Verdun. Et deffaut a eſté octroyé audit Procureur contre les autres vaſſaux, & perſonnes nobles non comparans, & ayns iour. ET LE TIERS ESTAT ſe ſeroit preſenté par les perſonnes qui s'enſuiuent, & premier. Les habitans & cõmunauté dudit Sainct-Mihiel, par Maiſtre Nicol Police, Honnot le Haſlé Claude Cordier, & Florẽtin le Vué, Gouuerneurs de la dicte communauté. Touſſainct Groullot, Clerc-iuré, & controoleur dudit Sainct-Mihiel. Les habitans de la Mairie de Girauueſin, par Vaultrin Philippes, Marc Picard Iean Richard, & Pariſot Raulin- Rãſieres, par Gerard liegeois, & Iean Symonin & Didier Mangin Ambly, par Maurice Liegeois, & Martin le Mayeur. Troyon, par Colin le Rouſſel, Collot Dougnon, & Martin Pecourt. La Marie de Fraiſne, par Iean du Bois, Nicolas Robinot, & Didier Humbert. Domp Seuerin, par Cuny Foüillot. Meſcringnes, par Iean Dauyon le viel, & Gobert chobart. courouure, par Iean de Moulin, & Didier Salzar. Longchamp, par Didier Finot, & Nicolas Pſaulme. Vaulx, & Palameix, par Mengin la Hiere, & Iacques Iaquemot. Banoncour, par Iean Poirreſſin le viel, churlin, charles, & Didier Ioſſelin, La croix ſur Meuſe, par colin collot, & Fiacre le Mordant Dompierre, par Fiacre Perot, & Guillaume Maillart. Mouſſot par Mengin le Bouchier. & colignon Thomas, Sauoniere, par claude collot, & Blaiſe collot, Simon Dymond Lieutenãt, & Iacques Martin Clerc-juré & Subſtitut en la Preuoſté d'Eſtain. LES HABITANS DUDIT ESTAIN, par Raulin Guyot. Et les communautez de chatillon, Moranuille, Moulainuille. Goraincourt, Spincourt, Eston, Belchamp, Guissainuille, Maisery, Baron court, & Marcheuille, par ledit Iacques Martin, fondé de procuration. Les habitans de Rouure, par Humbert Herbel. Ceux d'Amelle, & Senon, par Aubin Pierresson, & Toussainct Dieudonné. Les habitans du ban de Parey, & Villers, par Nicolas Michot, Colin Baucaire, & George Damien, Gigout la Trompette, Lieutetant en la Preuosté de Bríey, & Iean Thomassin, pour la communauté dudit Briey. Iean Payemal mayeur de la Montagne, & Nicolas Fouraire, pour toutes les communautez de laditte Marie. La Marie de Mouyeuure par Didier Petelot. La communauté de Nourroy deuant Metz, par François le Braconnier Ledit Gigout la Trompette, pour les habitans & communauté de Morlanges, Ranqueuaux. Les habitans d'Auillers, & d'outre les bois. par Iean Thiebaut, & Iean de Vaux. Aix, par Didier Chopine, & Iean Loys Gondrecourt, par Alar Cõpere. Affleuille, par Henry Ioannes, & Didier Rolet Ioudreuille, par Iean Berthelemin, & Didier Bondis Fleüille, par Claude Gilles, Anthoine Iacquemin le Hoccart. Moineuille, par Didier Huart Mayeur, & Perin Broccart. Immonuille, par Nicolas Poincignon Saulny, par Iean Rauau, & Gabriel, Peltre. Auillers, par Iacquemin Iambert, & Iean Colas. Landres, par Iean Colas, & Colin Paulin. Puix, par Ienin petit Iean Peuuillers, par Iennesson Bertau, & Ienin Menot, Les habitans de Longuyon, & Cosmey, par Guillaume me Chaudiere. Les habitans de Flabeuille, Noel, Othe, Cosne, Xorbey, petit Xiury, par Arnoud de Gorcy & Gaspar Brauch, Preuost, & Clerc iuré de Longuyon. Viuier, par Iean de Humont. Les communautez de la Preuosté de Nourroy le Sec, comparans. Celle dudit Nourroy, par Laurent Ioannes. Amermont, par IacqueminMoyse. Pienne, & Bertraumeix, par Fremy Bertemeu. Domp-Remy, & Domp-Marie, par Lienard Lalloüette. Bouuigny, par Pierre Iennesson. Adrian Perceual, Receueur, & Gruyer de Dun, s'est presenté en son nom, & de Iean Bertignon Preuost dudit Dun. Et les communautez de laditte Preuosté : Sçauoir celle dudit Dun, par Nicolas de Lattre, & Henry Millet. Celle de Milly, par Iacques Guyot. Mont, par Pierresson Iacquesson, & Guyot Hardy. Lyon, par Iean Godet le ieune. Du grand Clery, par Iean Brise-vin, & Iean Richard. Doucon, par Henry Challon. Muruaut, par Iean Thiebaut. Villosne, par Iean Terna. Cunel, & Cessey, par ledict Adrian Perseual. Les habitans de Sathenay, Baalon, Charmois, Moulin, Broüaine, Neuant Lusy, Martincourt, & Inor par Iean Thiery, & Claude Noel, fondez de procuration. Villers deuant Oruaut, par ledict Thiery, & Iean Gillet. Mousay, par Guillaume George Vviseppe, par Iean Haurion. Quincey, par François Rossignol. Iuuigny par Iean Berthemée. Remoiuille, par Collignon Thierion. Irey, par Pierre Brion. Louppy aux deux Chasteaux, par Frãçois Collemey.

Poüilly, par Iean Lambert. La Neufuille par François Philippes. Iacques Bertignon Receueur, & François de Mouzay Clerc-iuré Controolleur, & Substitut de Sathenay, par ledit Iean Thiery. Les habitans de Lõgvvy, par Perignon Potier. Les communautez de Ville Houldremont, Bucy la Ville, Leix, & Bailleux lez Redenges, Rechicour, Micheuillers, Meix, chastillon, Halenzy, Breham, Battaincour, Aix sur la Cloye, Baransy Tressange, Attus Sognes, Glabas Piedmont. Le Mont Sainct Martin, Haucourt Burez Pour la part de nostre Souuerain Seigneur, Cosne, Almas, Arouille, Hussigny, Charaise Godebrange, Morfontaine, Villers, la Montagne, Tilles, Obenges Cuttay. Pour la part de nostre Seigneur, Rodanges la Montagne, Cons, Vgny Villers la cheure, & Hanieres, par Didier de circourt. Les habitans d'Otenges, Burez Nongueil, par christofle Xandrin ceux du Petit Failly, par Iamin Baudet. Rehon, Tiexellet, Sainct Pancrey, & Taillencour, par Iean Gerard. Les communautez de Signeux, Sainct Remis, Gorcy, & Ruelte, par Arnould de Gorcy. les habitans d'Andeu le Tiexe, Cussigny, Redanges, Russanges, Villereux & Cambon, par Nicquel Vuerselt Les habitans & communauteé de Sancy, par Iean de Ranqueuault ceux de Mary, par Dominique Maras, & Mathis Aubertin, Les habitãs de Neufchif, Prothin, Houdelaincourt, & Rechicour, par ledit Aubertin. Les habitans du Sart de Trieux, Perpone, Beiuuille, & Han, par Iean

Prin. Doncourt, par Mengin. Martin Grimilly, par Blaiſe Faulcheur. Serouille, par Richier Ian ian. Beſonuaut, par colin Gerard. Boulenges, & Bonuillers, par chriſtofle Xandrin. Baſſompiere, par Iean de Ranqueuault. Les habitans de Malauillers, & Muruille, par Damien Sodel, Villette, Eſpey, par Ferry Lumbel. Bouuigny, par Martin Mengeot. Dommairie, par le Grand Mengeot. Les habitans de cõflans Dompierre en Vvoipure, Iãdelize, Ville ſur-Yron & la ville au Prey, par Ienin petit Iean. ceux de Iarny, par Iean Ancel. Bruuille, par Didier Gerard, & Humbert Darrier. Les habitans de la chaulcee, Puſieux, Xames, Benel, Hauldonuille, Ionuille, Hannonuille au paſſage, La Tour en Vvoipure, Thiaucourt, & Boüillonuille, par Barbelin Arnould, & Nicolas de Domp-Remy Lieutenãt, & Clerc-iuré en la Preuoſté de la chaulcee. Haumõt. par Gaſpard Laurẽt, Hannonuille ſous les coſtes, & Thillot. par Fremion le Gaſin. Domp-Martin la Montagne, par Humbert Paſquier. Dõp-Martin lez la chaulcee, par Iean Vvarin. Doncourt aux templiers par Thiery le Lorrain. Les habitans de Trougnon, par Nicolas cadier, & Gerard Bonne-mere. Loupmont, par Marcolet Maiſtre, & Iean chriſtofle, Baſieres, par Iean Ligier, Iacquemin le Boulengier, & Mengin Meuſnier chaillon, par Nicolas Hachinet, & Pierrot contant la Mairie des Trois Villes, par Iacquemin Blanchotte, Nicolas Didelot, Iean Diſe, Iean Mourot, & Claude le Froüant. Richecourt, par Iean Petit Maire, & Iean gros Iean. Laheuille, par Mengin Richard, Mengin Fauchin, & Mengeot le Galennier, Remy Heron, Lieutenant, & Nicolas Theuenin Clerc-iurè en la Preuosté de Bouconuille. Les habitans de Bouconuille, par Iean Symonet. Secheprey, par Mengin le Danseur, & Claudin Iean Pier Nonsart par Iean de Has le viel, & Iean Regnauldin. Gironuille, par Iean Laurent- Sainct Baussomme, par Iean Vvaultier, & Nicolas Brady. Ansauuille, par Mengin Fagart, & Anthoine Ferry. Sambiefmont, par Nicolas Saubert & Humbert François Les manans & habitans de Mandres aux quatre Tours, par Claudin Iannon, & Iean Senesson Rembieucourt, & Ressoncourt, par Claude Noel, Mengin George, & Guillaume Vvillarmot Broussey, & Raulecourt, par Nicolas Thierion, & Colin Mourot. Aulnoy, & Vertuzey, par Iacques Mansuy, Mengeot Pierre, & Bastien le Dos Essey & Maisey, par Nicolas Thiebaut Mayeur, & Nicolas Bertrand Xiurey, & Maruisin, par Nicolas Vvatot, Claudin Xambaut, Richier la Tarte, & Didier Au-Bertin. Ioy sous les costes, au regard du ressort de Mandres, par Gerard Colin, Thiebaut de Puligny, Preuost, Aubin Marchand, Clerc-iuré en la Preuosté de Sampigny. Les Habitans dudit lieu, par Didier Barotte. & Iean Maire, Vvadonuille, au regard de la mouuance dudit Sampigny, par Humbert Picard. Grimaucort, par Michel Guttin, & Claude Regnaud. Le Manel, par Thiery du Molin, & Iacques Guillaume. La Mairie de Barrois, dependante de ladicte Preuosté, par Claude Henry,& Claude l'Hoüillon.Courcelles, pour la part dudit Sãpigny. par Pasquin Maide,& Grand Mengin,Bertrand l'Hoste Mayeur des Keures La petite Keure,par Didier Chapoüillet,& Didier de France.Keure, la grand par Didier le Marchal,& Didier Pietõ.Courselle, par, Didier Mengin Baudremont, par Didier Haüy. Han sur Meuze, par ledit Bertrãd l,Hoste.Brasseitte, par Pierron Preuost,& Iean le Haut-Vallet Alliers, par Iean Manois. Biley,& Pichommeix, par ledit Bertrãd l'Hoste. LES Officiers, manans & habitans de Foug, par Nicolas Noirel, Preuost, Simon Raguet Clerc-iure,Claudin Pierrot, & Vvautrin Domenge Maistre Escheuin,& Escheuin du dit lieu. Les habitans de Sainct Mansuid, par didier Mareschal, Theuenin Vvarin, & Claudin Pattin.Sorcy,par Antoine le Monde & Claudin Frãçois,Bouffroimont,Gendreuille, Vruille,Medonuille, & Malaincourt, par Denis Milot, Iean Renard, Girard Maire, Claude Ientot Colas Marchant, Thomassin Gohier,Iean Perin, Iean Thiery, François Pe-tin, & Pierrot Gochier. Les habitans de Domp-Germain, par Iean Chastelain Mayeur,& Pierrot Didier. Sainct Germain, par Nicolas le Cerc,& Iean Cordier. Ioy, par Maurice le Clerc, Marcould Cabau,& Didier Boudin.Cornieuille, par Iacques Gager, Iean Mengeot,& Claudin le Clerc. Bouch,par Antoine Royne,

Iean Marchal,& Bertin Barrois. Parney, par Simon Raguet. Acraigne, par Iean Moine, Martin Thomas, Iean Saulſerotte,& colin Rouyer, Gibommeix, par Mengin Baula, & Claudin Bernel. LES OFFICIERS ET HABITANS DV PONT, par Philippes de Naiues Preuoſt, François Maul-iean Maiſtre Eſchemin dudit Pont, Pierre Fleutot, & Iean de Gomberuaut. Les habitans de Sognes, par Mengin Curillon Mayeur,& Claude Denis Eſcheuin. Les habitans d'An cey, par Mengin Berthelemin,& Didier Melet Secourt,, par Iacques Didier, & Mengin Oulriot. Oriocourt, pour la part de Barrois par Baſtien Vvaultrin, & Iean Chardot. Le Bourg de Mouſſon, par Claudin Vanner Guilaume Pierrot, & Remy Gogot. Madieres, & Montauuille, par ledit de Naiues, Theuenin Gros Iean, Touſſainct Eſtienne, & Didier Humbert, Chaſtel-brehain, & Ville, par Iacob Buſſelot. Ville, & Lixiers, par Pierre Oudin, François Raulin, Pierſon Didelon, & Vrbain Piart. Les habitans de Serieres par Pierreſſon. Iean Pierreſſon, & Claudin Pierreſſon. Marly, par Iacquemin Gurſault, & Colignon Lié Corny, par Didier Michel, Iean Gradi, & Collignon le Clerc Ioy aux Arches, par Mengin Cagnart, & Iean le Collon. Louuigny. par Iacquemin Rouſſel, Iean Georgin, & Iean Barrois. Villers en Hey, par Noel Perin, & Denis le Prince. Rogeuille, par Didier Bildet, Iacques le Brun,& Didier Colas. Sailly par Droüin Taire, & Claudin Thomas. Lemee, par Pierre Buſſelot. Cheriſy, par George le Bouchier, & Didier Flocquet. Les Mayeurs, & habitans de Griſecourt, Giſoncourt, Andillers, & Moruille, par ledit de Naiues. Manonuille, & Tremblecourt, par Nicolas Richier. Nouueant au Prey, par Iean Haroneot, & Iean Huſſon. Beaucourt, par Nicolas Bouchier, & Vincent Bauldrey- Loſſe, par Amant Bailly, & Iean Mahon. Les habitans de Felin par Nicolas Maſſon, & Mengin François. Fremery, par Mengin Trabraiſe, & Iean Caluret, Geſainuille, Eſton, Blenod, Les Meſnilz, Minoruille, Sainct Gigout, Groſrouure, Lironuille, Serre, Aurainuille, Vvatronuille, Rozieres en Hey, Bernecourt, par ledit Philippes de Naiues. Les habitans de Foiſſe, par Iean Meuſnier. Les habitans du ban de Viuier, Preuoſtcourt, Dompteu, La Neufuille, & Fonteux, par Colin Sarde, Didier Voſgien, & Steph Stecler. Armaucourt, par Chriſtofle Colin, & Chriſtofle Chehery. Letricourt, par Iean de Laune, & Oulrion Viat. Taiſey, par Antoine de Faux, & Mengin Claude. Venemõt par Didier le Lorrain Mayeur, & Thieriot Galloy. Clemery, par Iean Bragart, & Touſſainct Gillot. en preſence deſquelz Eſtatz, nous auõs faict lire par ledit Barrois Greffier, les Roolles, & articles des Anciẽnes Couſtumes, obſeruées audit Bailliage, & ordõné à tous leſdits Eſtats, & chacun d'eux, d'eſlire trois des plus notables, pour receuoir leſdits articles aux fins deſdictes lettres patentes, à trois heures de releuee du mesme iour, A laquelle heure aurions cõtinué l'audiance audit auditoire,& à la dicte heure, les dessus nommiez se sont representez deuant nous,& ledit l'Escuye Lieutenant, & en presence des gés de nostredit Souuerain Seigneur. Le Clergé eslut choisit,& nomma Reuerend Pere Domp René Merlin, Abbé de l'Abbaye Monsieur Sainct-Michiel. Venerables personnes Maistre Nicol Bosmard, Chanoine,& Archidiacre en l'Eglise de Verdun,& Iean Vigneron Preuost en l'Eglise Collegiatte Saincte croix du Pont-à-Mousson. L'estat de Noblesse, esleut, & nomma Honorez Seigneur, Messire Bernardin de Lenoncourt Cheualier, Sieur de Gondrecourt, Montigny, &c. Martin de Custine Baron, & Sieur de Cons. Et Iean de Fresneau Sieur de Pierrefort, & Trougnon, &c. Et le tiers Estat, esleut, & nomma Maistre Iacob Busselot, Claude Sarrazin Licétiez és droitz, Aduocatz au siege dudit Bailliage. Et Toussainct Groullot Clerc-iuré, & Controoleur és Preuosté, Recepte, & Gruire dudit Sainct-Mihiel, Lesquelz dits trois Estatz, respectiuement cõmirent, deputerent,& leur dõnerent charge de receuoir lesdits cayers, & articles pour les recongnoistre, esclarcir, retrencher, ou augmenter, comme ilz trouueroient au bien, & repos public appartenir: sous le plaisir, & bonne volonté de nostredit Seigneur: promettãs auoir,& tenir pour aggreable tout ce que par lesdicts neuf deputez, ou six, seroit sur ce fait negocié& arresté,

ſté, ſous ledit bon plaiſir de noſtredit Seigneur, Laquelle charge leſdits Merlin, Boſmard, Vigneron, Lenoncourt, Buſſelot, Sarrazin, & Groullot, accepterent promptement, & conuindrent de s'aſſembler en ce lieu de Sainct-Mihiel, leſdits de Cuſtine, & Freſneau abſens, rappellez au xviii. de Nouembre, pour le xix. entrer en negoces, à ceſte occaſion decernaſmes commiſſion, pour à requeſte deſdits Eſtatz, & des gens de noſtredit Souuerain Seigneur, bailler aſſignation auſdits ſieur de Cuſtine, & Freſneau eſleuz, nommez, & deputez en leur abſence, pour comparoiſtre audit xix. Nouembre. En vertu dequoy tous leſdits deputés ſe ſeroiēt repreſētés audit Sainct Mihiel, au iour deſſus declaré, excepté ledit ſieur de Freſneau, qui obſtāt ſon infirmité, n'auroit peu comparoiſtre. Et par ce ſeroit exoiné, & en ſō abſence, les autres huit deputez auroient procedé, ſauf à luy cōmuniquer par apres: Es mains deſquels leſdits articles furent deliurez ledit xix. Nouembre: Et les auroient retenu, & examiné, iuſques au Mecredy douzieſme Decembre, qu'ils nous rapporterent leſdits articles, auec leur beſongne. Leſquels articles anciens, & nouueaux, dreſſez par leſdits deputés, nous miſmes és mains des Aduocat, & Procureur Fiſcaux de noſtredit Seigneurs, pour ſur le tout reuenir au lendemain treizieſme iour dudit moys, & y dire ce que bon leur ſembleroit, en preſence deſdits deputés, auſquels nous aſſignaſmes iour à ces fins. A laquelle aſſignation, leſdits Aduocat, & Procureur, ſe repreſentans, proteſterent, que par l'Homologation des Couſtumes ne ſeroit fait preiudice aux ordonnances & edits de noſtredit Seigneur, qui pouroit, quand bon luy ſembleroit, abroger leſdictes Couſtumes, ou partie d'icelle, les interpreter & eſclarcir à ſon bon Plaiſir, comme Prince Souuerain. La puiſſance, & authorité duquel ils n'entẽdoient eſtre reſtraincte, ny limitee, ains demeurer en ſon entier: Nous requerans acte de leurſdictes proteſtations. Et leſdits deputez declarerent auoir recueilly les Couſtumes obſeruées audit Bailliage, outre celles contenuë au cayer, à ceux par nous deliuré. Leſquelles conferences nous certifiõs auoir eſté faictes, comme deſſus Et renuoyõs le tout à noſtredit Souuerain Seigneur, pour y ordonner ſon bon plaiſir. Faict audit ſainct-Mihiel, les iours deſſus declarez, en l'an mil cinq centſoixante & vnze. Ainſi ſigné I. de Lenoncourt, B. l'Eſcuyer, & D. Barrois.

LE vingtiesme iour de May, mil cinq cent nonante huit. Nous Teodore de Lenoncourt, Baron du Neuuron Seigneur de Gondrecourt en Vvoipure, Rechicourt, Olley, La Neufuille aux bois, Letricourt, Cloüange, Dommepure en partie, &c. Cōseiller d'estat de l'Alteze de nostre Souuerain Seigneur, & son Bailly de Sainct-Mihiel, Estāt en la ville dudit sainct-Mihiel, où nous serions transporté expres, pour l'execution des mandemēts à nous addressez par sadicte Alteze, le treiziesme d'Aoust, mil cinq cent nonante six, & vingt deuxiesme d'Octobre, mil cinq cēt nonāte sept: par lesquels nous estoit mādé de reueoir & examiner auec le Procureur General de Barrois, & autres Aduocats & practiciens, comme aussi auec quelques vns de Messieurs de la Cour des Grands Iours, les cayers des Coustumes dudit Bailliage, qui par cy deuant auroient esté dressez par les deputés des trois Estats d'iceluy Bailliage, n'ayant depuis la reception desdits mandements peus vacquer plustost à l'execution d'iceux, tant à l'occasion de la contagion de peste, dont il auroit pleu à Dieu és deux années derniers visiter ladict ville, que pour estre empesché & distraict par autres affaires, importans pour le seruice de sadicte Alteze, Auons en vertu desdits mandements cōuocqué les Sieurs President, & cōseillers de ladicte cour ledit Procureur Generale de Barrois, nos Lieutenāts

General,& particulier,&les Aduocats,&practiciens de nostre siege audit Bailliage. Et apres leur auoir cõmuniqué lesdits mandements, auons ordonné au Greffier dudit Bailliage, de nous representer les volumes & cayers desdictes Coustumes,qui dés l'an mil cinq cent soixante & vnze auroient esté par ordonnance de sadicte Alteze redigées par escrit,par lesdits deputés aux vision,lecture,&examen desquels,comme aussi du cayer des anciennes Coustumes,nous aurions vaqué ensemblement les vingt,vingt-deux,& vingt-troisieme iours dudit mois de May,& depuis aurions eu cõmandement de sadicte Alteze de nous transporter à Nancy, auec nobles personnes Iacques Bournon,Conseiller d'estat de sadicte Alteze,& President en sadicte Cour des Grãds Iours: Vvarin Gondrecourt,aussi Conseiller d'estat, & en ladicte Cour: Iean Bourgeois, Procureur General de Barrois, & Pierre Galloys nostre Lieutenant particulier audit Bailliage, pour representer lesdits cayers auec la besongne,qui auroit esté faicte en ladicte ensemblee. Auquel lieu de Nancy estants arriués le vingt-sixiesme iour du mois de Iuillet suiuant, aurions eu commandement de communiquer lesdits cayers & besongne,àMessieurs du Conseil de sadicte Alteze,pour estre de rechef veus,& examinés par eux auec nous, ce qui auroit esté faict, & lesdits cayers & besongne diligemment, & exactement reueus, & examinés à diuers iours,par haut & puissant Seigneur,Iean Côte de Salm, Baron, & de Viuier, Brandebourg, Fenestrange, Seign̄r de Rupes, Pargny ſur Meuze, Domp-Remy la Pucelle, &c. Mareſchal de Lorraine, Gouuerneur dudit Nancy. Honorez Seigneurs Iean des Pourcelets, Seigneur de Maillane, Vvalhey &c. Bailly de l'Eueſché de Metz. Antoine de Lenõcourt, Prieur, & Seigneur de Lay, & grand Chancelier de Remiremont Nicolas de Ragecourt, Seigneur de Bremoncourt, Corny, &c Maiſtre d'Hoſtel de ſadicte Alteze Bailly & Capitaine d'Eſpinal. Ledit ſieur Bournon, Les ſieurs Mainbourg Maiſtre aux Requeſtes. Bouuet, Preſident des comptes de Lorraine, Boucher, Champenois Lieutenant general au Bailliage dudit Nancy, & Gondrecourt tous Conſeillers d'eſtat de ſadicte Alteze, & leſdits Bourgeois, & Galloys: En laquelle aſſẽblee, auſſi ſe ſeroiẽt trouuez & auroient aſſiſté Honorés Seigneurs, Charles Dure Seigneur de Theſſiers, Commercy, &c. Chambelan de ſon Alteze, Nicolas des Pourcelets, Seigneur de Vvalhey &c. Claude Houſſe, Seigneur de Vvatronuille, Maiſey, &c. Gouuerneur de Iametz, Iean de Poüilly, Seigneur d'Inor. Et depuis leſdits cayers & beſongne auroient eſté preſentez à ſon Alteze, & eſtants de rechef veus, & examinez en ſon conſeil, les articles deſdictes Couſtumes auroient eſté concluz, & arreſtés. ſelon qu'ils ſe trouuent redigez par eſcrit, au cayer cy ioinct, ſigné par leſdits Seigneurs Comte de Salm, ſieurs de Maillane, de Lay, & autres ſuſdits, & par nous,&sadicte Alteze supplie tres-humblement de proceder à l'homologation desdictes Coustumes, laquelle auant ce faire, nous auroit ordõné de faire rediger par escrit, articles d'ordõnances, pour le style& reglement de la iustice, au siege dudit Bailliage, & és inferieurs y ressortissants, ce que auroit esté faict par lesdits Bourgeois, & Galloys, auec l'aduis dudit Sieur Bournon, Presidét, &des sieurs de Rozieres, Le Pougnant, & Gondrecourt, Conseillers d'estat, & en ladicte Cour des grands Iours: & le neufiesme iour du mois de Nouembre suiuant, nous sommes de rechef, par commãdement de sadicte Alteze, transporté audit Nancy, comme aussi lesdits sieurs de Rozieres, Le Pougnant, Gondrecourt, Bourgois, & Galloys, & apres que lesdits articles d'ordõnances sur le style, & reglement de la iustice, signez par nous, lesdits Bourgeois, & Galloys, veus & examinez par mondit Seigneur, le Comte de Salm, & autres Conseillers d'estat de sadicte Alteze, luy ont esté presentez en sõ conseil. Elle a aussi esté supplié tres-humblement de vouloir proceder à l'homologation d'iceux, auec lesdictes Coustumes. Ce qu'elle auroit faict le douziesmes iour dudit mois de Nouembre, par l'aduis de Messieurs de son conseil.

Iean Comte de Salm, Mareschal de Lorraine, Gouuerneur de Nancy, &c. Theodore de Lenoncourt, Conseiller d'estat de son Alteze, Bailly de Sainct-

Mihiel,&c. Iean des Pourcelets Maillane, Bailly de l'Euesché de Metz. Antoine, de Lenoncourt, Conseiller d'estat de son Alteze, Prieur de Lay, &c. Iacques Bournon, President en la Cour des Grãds Iours de Sainct-Mihiel Mainboug, Maistre aux requestes. M. Bouuet, President de Nancy, Boucher, Gondrecourt, Conseiller des Grands Iours, Iean Bourgeois, Procureur General du Barrois, P. Galloys, Lieutenãt particulier au Bailliage de Sainct-Mihiel.

ET le quatriesme iour de Decembre audit an 1598. Nous Theodore de Lenoncort Bailly susdit, ayant receu les lettres patentes de sadicte Alteze, donnees á Nancy sous son grand seel, ledit iour douziesme de Nouembre contenantes l'homologation, approbation, & confirmation, tant desdictes Coustumes, que du style, & reglement de la iustice & par lesquelles patẽtes, nous estoit mandé de faire lire & publier les cayers desdictes Coustumes, & style és auditoires, & sieges ordinaires dudit Bailliage, aurions pour l'execution d'icelle requeste dudit Procureur General de Barrois, decerné noz lettres de commission sous ceste teneur. Theodore de Lenoncourt, Conseiller d'estat de son Alteze, Bailly de Sainct-Mihiel, &c. Au premier Sergent dudit Bailliage, sur ce requis, salut. Nous a esté remonstré de la part du Sieur Procureur General de Barrois, que son Alteze auoit dés le douziesme iour du mois de Nouembre dernier passé homologué les Coustumes generales dudit Bailliage,&les ordonnāces sur le style,tant dudit Bailliage, que des Cours y ressortissantes, & que par ses patentes dudit iour portantes ladicte homologatiō,il nous est mandé de les faires publier, afin que nul n'y pretēde cause d'ignorance, & que chacun ait à les suiure, garder, & obseruer. A cest effect ledit Procureur nous requeroit de faire signifier à tous Prelats, gens d'Eglise, Vassaux & Gentils hommes, Officiers,Roturiers,&tous,&vn chacun subiet du Bailliage,qu'au ieudy de nos iournees prochaines d'apres la saincte Lucie,il sera procedé à la lecture,&publication desdictes Coustumes,Ordōnances, &style & qu'ils ayent à s'y trouuer si bon leur semble,& soit qu'ils y comparent, ou non,sera passé outre á ladicte lecture, & publication,& qu'elle sera de telle force, & vertu, contre les absents, que contre les presents, & tous tenuz de les garder, & obseruer,comme si ladicte publication auoit esté faicte en leur presence, ou qu'elle leur auroit esté signifiee à chacun d'eux.Et d'autant,que telle signification ne se peut faire facilemēt au domicile de chacū en particulier requeroit qu'elle fut faicte à iours de marché à son du Tābour, & à cry public, & par affiches, & en tous autres lieux où on a accoustumé de publier les Ordonnances, & Edits de son Alteze.Partant nous vous mandons,& commettons qu'à requeste dudit Procureur,inconti-

nant

nant cest receuë, vous ayez à signifier à cry public, & au son de Tambour à iour de marché, & en tous autres lieux, & temps accoustumés à faire publication des Ordonnances de son Alteze, que tous Prelats, gēs d'Eglise, Gentils-hommes Vassaux, & autre residāns, audit Bailliage de quelle qualité, & condition ils soient, ayēt à se trouuer si bō leur semble ledis ieudy de nos iournees prochaines d'apres la saincte Lucie, pour veoir iudiciairement lire, & publier lesdictes Coustumes, & Ordonnances: desquelles ils tireront cy apres copie, pour les faire publier à leurs Sieges, à iours de plaidz, les faire enregistrer aux registres de leurs Preuostez, & hautes iustices, pour y auoir recours, à toutes occurrences, & quand besoing sera. Laquelle publication susdicte obligera les absents, comme les presents. De ce faire vous donnons pouuoir, & mandement, & nous certifierez de vos exploits, que nous enuoyerez pour ledit iour. Donné sous nostre nom à Estain: le quatrieme iour de Decembre, mil cinq cent quatre vingt & dixhuit. Ainsi signé T. de Lenoncourt, Bailly de Sainct-Mihiel. Et aurions addressé lesdictes lettres de cōmission, à nos Sergens, qui au contenu d'icelles, auroient faict les significations, y portees, par toutes les Preuostez, & Chastellenies du ressort dudit Bailliage, comme il nous est apparu, par leurs exploits, lesquels veus, nous seant en iugement en l'auditoire des causes audit S. Mihiel, le ieudy des iournees ordinaires duduit Bailliage d'apres la saincte Lucie, dixseptiesme iour dudit mois de Decembre, auōs ledit Procureur General de Barrois present, & ce requerant, faict faire lecture hautement, & intelligiblement, tant desdites Coustumes, que dudit style, & reglemēt de la iustice, ensemble desdictes patentes, en presence du peuple, assemblé à l'auditoire susdit de noz Lieutenants General, & particulier, & des Aduocats, Procureurs, & praticiens dudit siege. Ausquels, comme à toutes autres personnes qu'il appareiendra, nous auōs en conformité de la volonté de sadicte Alteze, portee par sesdictes patentes, enioinct, & ordonné de tenir, garder, & obseruer à l'aduenir lesdites Coustumes, style, & reglement, comme loix, status, & ordonnances inuiolables, notoires, congues, & approuuées, & bien & deuëment constituées, leur inhibant & defendant, d'alleguer, poser, articuler. ny faire escrire doresenauant, & pour l'aduenir, & à nosdits Lieutenants, leurs successeurs esdits Estats, & à tous autres iuges dudit Bailliage, de receuoir les parties, leurs Aduocats, & Procureurs, à alleguer, articuler, ou prouuer autres Coustumes, & style au contraire de ce qui en est escrit, & porté par lesdits cayers receus, approuuez, & homologuez par sadicte Alteze. Et afin que nul en pretende ignorance, nous auons ordonnè à Blaise Coyel Greffier ordinaire dudit Bailliage, d'enregistrer és registres du greffe d'iceluy Bailliage, lesdits cayers de Coustumes, style, & reglement, & pareillement lesdictes lettres patãtes. En foy, & tesmoignage, dequoy nous auons signé de nostre main le present procez verbal, & le faict signer par ledit Greffier. Signé Theodore de Lenoncourt, Bailly de Sainct-Mihiel.

BLAISE COYEL.

ENSVIT LA TENEVR DES DITTES LETTRES PATENTES.

CHARLES PAR LA GRACE DE DIEV, DVC DE CALABRE, Lorraine, Bar, Gueldres, Marchis, Marquis du Pont-à-Mousson, Côte de Prouence, Vaudemont, Blamont, Zutphen, &c. A nostre trescher & feal Conseiller d'estat, Chambelan, & Bailly de Sainct-Mihiel, le sieur Theodore de Lenoncourt, & à tous autres presents, & aduenir, Salut. Le deuoir principal des Princes temporels consistant, à prendre & auoir soing, que la iustice, qui du ciel leur a esté enuoyeç en terre, & mise comme en depost en leurs mains, pour la faire distribuer a leurs suiets, le soit bien, & legitimement, & au plus grand soulagement & moindres frais de ceux qui en requierent le fruict, que faire se peut, nous a cy deuant induit, que si tost qu'ayans entré au gouuernement des Duchez, Principautés, terres, & Seigneuries, que Dieu nous a mis & donné en gouuernement, nous en aurions recongnu l'estat, & les affaires, aussi tost aurions nous prouueu [autant qu'en nous à esté] que la iustice [ferme, & principalle estançon, & pilotier des Principautez, & Monarchies] fut sur tout bien, & deuëment administree és nostres, & chacun particulierement informé des loix, statuts, formes, & manieres, sous & auec lesquelles elle leur sera distribuee, la requerãs par occurrẽce, afin que l'incertitude ne dõnast aux querelleux, & plaideurs ahurtez argument, ou pretexte de couuerture á leur poursuittes plaines de frais, & despens, s'il aduenoit qu'ils les entreprissent, & en continuassent le fil iusques à la derniere periode contre le prescrit de ce qu'ils ne pourroient [du moins ne deuroiẽt] ignorer, leur en estãt le tout manifesté, representé, & determiné en escrit. C'est ce motif, qui dés l'ã mil cinq cẽt soixante & vnze, nous auroit occasiõné d'addresser nos lettres de commisions aux predecesseurs en office de vous, Bailly à ce de faire appeller, & conuoquer les trois Estats de vostre Bailliage, pour aduiser se qu'ils trouueroient auoir esté des Coustumes d'iceluy, y corriger, adiouster, & en diminuer, ce qu'ils verroient estre propre & cõuenable à raison, & au bien de la iustice, & du tout dresser articles clairs, & certains, pour nous estant le tout representé, les establir pour loix doresnauant certaines, & inuiolables. Mais ayans esté le cours de ceste nostre intétion interrompu, par les moyens semblables des guerres, qui ià du parauant en auoient faict differer le commencement, & le progrez, & de ceste cause ayant des lors le tout demeuré suspendu (comme c'est vn des principaux effects de la guerre, que d'édormir, & faire cesser ceux de la iustice) incontinent, que Dieu (par sa bonté, nous a enuoyé la paix, mieux à elle s'accordante, appriuoisee, & plus familiere, reprenant ses arrements premiers, nous auons voulu qu'auec ceux de la Cour des Grands Iours dudit Sainct-Mihiel, & autres iuges, & plus fameux Aduocats, & praticiens de vostre Bailliage, vous reuissiez ce qui auoit esté faict & dressé par lesdits des Estats, ou leurs commis, afin que nous estant representé, nous y missiõs la dernier main. SÇAVOIR FAISONS, que le cayer des articles qu'ainsi il auroient faict, & dressé de rechef auec vous, veu, & examiné par les gẽs de nostre conseil, & aucuns de ladicte Cour, Vassaux de nostre dit Bailliage, qui auroiẽt voulu s'y trouuer, Procureur Generale de Barrois, vostre Lieutenant particulier & autres denõmez en vostre procez verbal, du huictiesme de May dernier. Nous le tout entendu, L'AVONS par bon aduis & conseil aggreé,& approuué, confirmé, homologué, & authorisé, approuuons, confirmons, homologons, & authorisons, voulons, & nous plaist, que tant pour ce qui est desdictes Coustumes, que du style,& reglement de ladicte iustice, soit doresenauant suiuy, obserué & entretenu, tant par les iuges dudit Bailliage, Preuostez, Chastellenies,& tous autres lieux generalemẽt y ressortissants que parties, comme loix, statuts & ordonnance inuiolables, notoires cõgnuës & approuuees, & bien & deuëment constituees. Leur deffandant, & inhibant,& à tous Aduocat, Procureurs ou autres, d'alleguer, poser articuler, ny faire escrire doresenauant, & pour l'aduenir, soit en iugemẽt, ou dehors autres Coustumes,& style, que ce qui en est escrit, par lesdits articles Et à vous voz Lieutenans, Preuosts, Mayeurs, ou leurs Lieutenants, & autres officiers de iustice dudit Bailliage de receuoir lesdictes parties, Aduocats, & Procureurs, & en alleguer, ny articuler d'autres, ny les receuoir à en informer, SI VOVS MANDONS, que le susdit cayer de Coustumes, & style, par nous presentement homologuez, verifiez, confirmés, & authorisés, vous faciés lire, & publier hautement és auditoires, & sieges ordinaires dudit Bailliage, & en tous lieux accoustumés à faire telle publication, le tout faire enregistrer es registres dudit Bailliage, afin que nul ne puisse pretẽdre cause d'ignorance, car ainsi nous plaist. EN TESMOINAGE

DE QVOY, Nous auons à ceſtes, ſignees de noſtre propre main, faict mettre & appendre noſtre grand ſeel. QVI FVRENT FAICTES, & donnees en noſtre ville de Nancy, le douzieſme iour de Nouembre. Mil cinq cent quatre vingt & dixhuit. Ainſi ſignees CHARLES, & ſeellees du grand ſeel de ſon Alteze en cire vermeille, ſur double queuë de parchemin pendante. Et ſur le reply eſt eſcrit, PAR SON ALTEZE. Les Sieurs Comte de Salm, Mareſchal de Lorraine, Gouuerneur de Nancy. De Lenoncourt, Bailly de Sainct-Mihiel. De Mondreuille. Mainbourg, & Bardin, Maiſtres aux Requeſtes. De Rozieres, Le Pougnant, & Gondrecourt, Conſeillers en la Cour des Grands Iours de Sainct Mihiel preſents. Signé M. Bouuet. *Reta Idem pro* C. Bouuet.

ANCIENNES COVSTVMES DV

BAILLIAGE DE SAINCT-MIHIEL.

PREMIEREMENT Coustume est telle, que tous les fiefz tenus du Duc de Bar, en son Bailliage de Sainct-mihiel, sont fiefz de danger, rẽdables à luy, à grande, & petite force, sur peine de commise, & se gouuernent, & reglent selon les loix, & Coustumes Imperiales, en cas, où il n'y a Coustumes particulieres, contraires audit Bailliage.

II.

Item, que les Comtez tenus en fief dudit Duc de Bar, son indiuidus, doiuent appartenir au fielz aisné, qui en emporte le nom, & tiltre: & les autres enfans puiſnez ont partagé en autre terre, s'il en y a: & s'il n'y a autre terre que tel Comté, ils auront portion cõtingente, qu'ils tiendrõt en fief dudit aiſné, en ſuiection de retour, demeurant le nom, & tiltre audit aiſné.

III.

Item, que les vaſſaux dudit Bailliage ſont tenus, quand ils ſont requis, aller, & ſeruir en armes leur Seigneur Duc, en guerre qu'il pourroit auoir, contre les ennemis de ſon pays, aux deſpens dudit Seigneur Duc, reſtitution de prinſe de corps, cheuaux, harnois, & intereſts

IIII.

Item, quand vn vaſſal dudit Seigneur Duc vend ſon fief, il eſt requis en auoir cõſentement & confirmation dudit Seigneur: Et pour ledit Sieur le reprendre, & le ioindre auec ſon domaine, pour tels deniers qu'il auroit eſté vendu, auant la confirmation, ou cõfirmer le vendage, ſi bon luy ſemble. Comme ſemblablement, l'arrier vaſſal vendant l'arrier-fief, doit auoir confirmation du Sieur feodal immediat, lequel le peut reprendre pour les deniers, & le ioindre à ſon domaine.

V.

Item, que le vaſſal qui vend, ou aliene ſon fief à vn homme noble, capable à le tenir, tel acheteur, ou qui par alienation y pretend droit, ne se peut bouter, intruire, ne prendre possession dudit fief, auant la cõfirmation, & consentement dudit Seigneur feodal, sur peine de commise.

VI.

Item, quãd vn vassal decede sans hoirs de son corps, & delaisse aucuns ses lignagers en ligne collateral, le sieur feodal, par le trespas de sondit vassal, se peut ensaisir, & mettre en possession de tel fief, & le tenir en sa main, & exploicter, sans qu'il se doiue departir de ladicte possession, & iouïssance : Mais s'en peut dire possesseur, iusques à ce qu'il luy appert, que tel heritier soit capable, & habile à succeder, audit fief, & tiendra sadicte saisine, & possession, iusques à ce qu'il soit congnu, & decidé, si tel lignager est habile, & capable d'y succéder. Et par ladite Coustume n'est loisible à tel lignager, voulant pretendre droit audit fief, soy intruire, ou bouter en iceluy, depuis la saisine dudit sieur feodal, sans son congé, & licence, ne le troubler en sa possession, sur peine de commise, & perdre le droit qu'il pretend audit fief.

VII.

Item, le Seigneur feodal peut faire saisir le fief de son vassal, par faute de denombrement, non baillè apres les qurante iours ordonnez audit vassal, de le bailler, en faisant son deuoir de reprinse, pendant laquelle saisie, iusques au denombrement baillé, ledit Seigneur feodal faict les fruicts siens.

VIII.

Item, quand le vassal confisque son fief, pour quelque crime que se soit, ou autrement, dont le vassal soit conuaincu, ledit fief retourne au sieur feodal immediat, duquel il est tenu, qui en est saisi de ce mesme faict : Et se peut bouter dedans ledit fief l'enploicter, & en faire les fruits siens, & reioindre à son domaine.

IX.

Item, si vn vassal donne par testament, ou autremẽt à l'Eglise son fief ou partie d'iceluy, telles Eglises ne le peuuent tenir plus d'vn an, sans auoir admortissement, ou permission, mais sont tenuës le mettre hors de leurs mains, à vn homme capable de le tenir, autrement le sieur feodal le peut faire saisir apres l'an, & en leuer les prouffits : Laquelle Coustume a lieu, & s'obserue, en rentes, & heritages de poté, & roturiers pareillement, au prouffit du sieur haut iusticier,

X.

Item, que le sieur feodal n'est tenu receuoir son vassal en foy, & hommage par Procureur, s'il ne se presente en personne: Si doncques n'estoit, que le fief appartient à vn enfant mineur d'ans, auquel cas, le tuteur en peut faire le deuoir dedans le temps deu.

XI.

Item, qu'vn vassal ne peut prescrire contre son sieur feodal les droicts, & deuoirs, qu'il est tenu luy faire à cause dudict fief, ny le sieur contre le vassal.

XII.

Item, si le vassal donne librement son fief, par donation entre les vifs, ou par testament, ou qu'il eschange iceluy fief contre vn autre, sans soulte, les parens dudit vassal ne peuuent venir à la retraicte dudit fief, & pareillement se garde la Coustume en terre de poté.

XIII

Item, que par ladicte Coustume le parent, & lignager peut retirer à luy par rachapt, dedans l'an, & iour, les biens de ligne alienez, & vendus à estranger en restituant & remboursant l'acheteur estranger, dedans l'an du vendage des derniers par luy deboursés, pour l'achapt, auec les loyaux cousts: Et est receu le premier lignager se presentât á ladicte retraite sans auoir esgard à la proximité de parenté, & lignage.

XIIII.

Item, qu'vn homme noble peut hypothecquer, ou engager son heritage de fief á homme noble, ou de poté, pourueu qu'il y ait rachapt: Mais il ne le peut vendre, fors à homme noble, & fera le seruice ledit vassal de l'heritage par luy hypothecqué ou obligé, & ne le peut en tout, ou partie bailler à cens, ou á rente, sans permission du sieur feodal, ny desmembrer son fief en façon que ce soit, & n'est le roturier capable á tenir fief,

XV

Item, que le Duc de Bar a retenue de ses hommes, & fẽmes demeurans audit Bailliage, posé qu'ils voisent demeurer sous ses vassaux hauts iusticiers, & pareillement les vassaux dudit Bailliage ont retenuë de leurs hommes, & femmes, qui vont demeurer és villes, villages appartenans audit Sieur Duc, & où il est haut iusticier, & pareillement les vassaux les vns sur les autres, excepté en aucuns lieux, qui sont chartrez, & priuilegiez au contraire,

XVI

Item, quand vn vassal va de vie à trespas, & il delaisse plusieurs enfans masles, & femelles. ou vn enfant masle, & plusieurs filles, l'aisné fils a droict de prendre, & choisir pour luy auant parson, laquelle forte place qu'il luy plaira prendre pour son droict d'aisnesse, qu'il emporte auec ses appartenances de murailles, & fossez seulement, à la charge de doüaire s'il y escheoit, & au residu des autres heritages de fiefs il prend sa part comme vn des autres fils,

XVII.

Item, que si vn vassal va de vie à trespas, & il delaisse de son premier mariage vn enfant, ou plusieurs soient fils, ou filles, & du second pareillement vn, ou plusieurs. Celuy, ou ceux qui sont du premier mariage, a, ou ont, autãt en heritage de fief, que tous les autres enfans du second mariage, à cause du lict brisé, *Et è contra*, & pareillement a lieu ladicte Coustume en succession maternelle en heritage de fief.

XVIII.

Item, qu'en successions collaterales le droit d'aisnesse n'a point de lieu.

XIX.

Item, qu'en succession de terre de fief en ligne directe, vn enfant masle a, & emporte autant seul que deux filles: mais en terre de poté, ils succedent egalement.

XX

Item, en droite ligne representation a lieu *vsque in infinitum*, tant en heritage de fief de poté, comme d'acquests, & meubles.

XXI.

Item, en succession collaterale en heritage de ligne terre de poté, representation a lieu, *In infinitum* mais en terre feodale acquests hors ligne, meubles, & gagieres representation n'a lieu, ains le plus proche exclud le plus remot.

XX II.

Item, en succession feodal, collateral, tant de ligne que d'acquests, le masle exclud la femelle en pareil degré.

XX III.

Item, que les acquests faicts en terre de fief, par gens nobles cõstant leur mariage sont communs entre l'homme, & la femme, & y a la femme la moitié, supposé que son mary en faisant les lettres dudit acqu'est ne l'ait denommé acquesteresse auec luy. Mais entre gens roturiers, & de poté, la femme ne prend aucune chose és acquests faicts par son mary, si elle n'est expressemẽt denommée acquesteresse és lettres d'acquests, ou en contractant.

Item

XXIIII.

Item, quand vn homme, ou femme de corps dudit Seigneur Duc de Bar d'aucuns de ses vassaux, se depart, & va demeurer hors du Duché de Bar, & a contracté Seigneurie en aucun lieu, ou ledit Seigneur n'ait la retenue de ses hommes, Ledit Seigneur Duc de Bar, ou le vassal haut iusticier prend, & emporte tous les heritages, & biens delaissez estans sous eux. Et si aucuns desdits hommes, & femmes de corps estoiēt demeurans au Bailliage de Sainct-Mihiel, & auoient coheritiers demeurās hors dudit Bailliage, qui eussēt contracté Seigneurie, le Seigneur represēteroit l'absent, & auroit telle part qui luy deuroit escheoir.

XXV.

Item. que la Coustume est telle audit Bailliage de Sainct-Mihiel, que le suruiuant des deux conioincts emporte les meubles, debtes, & gagieres, en payant les debtes, & frais funeraux, excepté les debtes deuës pour acquests d'heritages, lesquelles se doiuent payer par celuy, ou ceux qui auront lesdits acquests, s'il n'y a disposition testamentaire, & en peut le mary disposer à son plaisir. Mais la femme ne peut disposer sans le congé de son mary au dessus de cinq sols.

XXVI.

Item, que si vn homme acqueste aucun heritage en la ligne de la femme, & elle va de vie á trespas, ledit heritage est, & retourne aux heritiers de ladicte femme, & n'y a l'homme aucune chose. Toutesfois durant ledit mariage, ledit homme peut reuēdre ledit heritage acquesté, sans le consentemēt de la femme, & pareillement les heritages acquestez par ledit mary, en sa ligne demeurēt aux heritiers de sō costé, & ligne, & n'y prend rien la femme, fors son douüaire, ny ses heritiers, posé quelle fust denommee acquesteresse.

XXVII.

Item, qu'vn homme, ou femme estant au lict mortel, ne peut disposer de son heritage, de ligne pour en frustrer ses heritiers, soit par contact entre vifs, ou à cause de mort : Si ce n'est pour legats pieux, comme pour dire Messe, & autres biens, pour le salut de son ame, ou biē pour sa necessiité vrgēte, & soulagemēt de sa personne, pendant sa maladie, dont il peut disposer, iusques au tiers seulement. Mais quāt à ses meubles, & acquests, il les peut donner à son plaisir à personne toute estrange, ou autrement.

XXVIII.

Item, qu'vne personne ne peut aduantager l'vn de ses enfans plus que l'autre : Ains conuient tout rapporter apres le trepas du Pere, ou de la Mere auant parson : Auquel rapport ne sont comprins les fruicts procedans des choses donnees en auancement : Mais ſi c'eſtoit perſonne qui à eut enfans procreez de ſon corps, & qu'il eut freres, ou ſœurs, ou plus longtains, il pourra dõner à l'vn plus qu'à l'autre de ſes acqueſts hors ligne, meubles, debtes, & gagieres.

XXIX

Item qu'vn homme par ſon teſtament peut dõner tous ſes meubles, & acqueſts à ſa femme, ou partie d'iceux, telle qu'il luy plaira. Mais la femme ne peut rien donner à ſon mary.

XXX.

Item, quand vne perſonne va de vie à treſpas ſans hoirs de ſon corps, & elle delaiſſe aucũs heritiers d'vn coſté ſeulement, comme de par ſon Pere, & elle a aucũs heritages de par ſa Mere, ſans auoir nuls heritiers de par icelle ſa Mere, les heritiers de par ſõ Pere n'auront rien és heritages qu'il auroit de par ſa Mere: mais les emportera le Signeur par faut d'hoirs. Car par la Couſtume on regarde les lignes, & d'où les heritages ſont procedans.

XXXI.

Item, que ſi vne perſonne non mariée, va de vie à treſpas, ſans hoirs de ſon corps, ſes Pere & Mere, s'ils ſont viuant, ou l'vn deux, a & emporte tous les meubles, par luy delaiſſez, & les acqueſts, ou dons ſ'aucuns en y a, & n'y ont rien les freres, ou sœurs du trespassé, ou autres parents plus remots

XXXII.

Item, que la femme suruiuant son mary prend son doüaire sur la moitié de tous les heritages que son mary delaisse, & s'ils auoient faict aucun acquest cõstant leur mariage, & que la femme fut acquesteresse elle n'auroit aucun doüaire sur la portion du mary, mais auroit seulement la portion dont elle seroit acquesteresse.

XXXIII.

Item, qu'vn homme marié ayant biens meubles en plusieurs, & diuers lieux, va de vie à trespas, & il ne dispose de sesdits meubles, iceux obuiennēt à la femme, ou aux heritiers selon la coustume du lieu, ou ledit homme marié faict sa residence, & demeure audit Bailliage.

XXXIIII.

Item, que ledit doüaire coustumier est tant fauorable, que nonobstāt que par traicté de mariage doüaire prefix soit assigné, il loist à la fēme quicter le prefix, & s'arrester au coustumier, duquel elle est saisie par le trespas de son mary.

XXXV.

Item, qu'vn homme, ou femme conioints ensemble par mariage, soit qu'ils ayent enfans, ou non, peuuét faire don mutuel, entre eux de l'vsufruict des heritages de ligne, & d'acquests, & mesme se peuuent dõner les acquests en proprieté, auec l'vsufruict desdits heritages de ligne, sans qu'il soit requis auoir le consentement des enfans, parents, & amis: Mais desdits heritages de ligne ne se peuuent faire dons de la proprieté, sans le consentement desdits parents. Les conditions à ce accoustumees y gardees, qu'ils soient esgaux, ou prochains en aage, & en biens, qu'il n'y ait en l'vn plus qu'en l'autre coniecture de maladie.

XXXVI.

Item, que si en traictant aucun mariage, le Pere, ou autre prochain parent de la femme, donne & deliure au mary vne somme de deniers pour emploier en acquests d'heritage pour ladicte femme, & ses heritiers, & il aduient que retour de mariage ait lieu, en ce cas, le mary, ou ses heritiers sont tenus rendre aux heritiers de ladicte femme, les heritages qui auroient esté acquestés des deniers dudit mariage, ou les deniers, s'il n'auoient esté employez.

XXXVII

Item, quand vne fille est mariée, & elle va de vie à trespas, auant l'an & iour de son mariage, les biens donnez à la dicte fille, par ses Pere, & Mere, leur retourneroient, si doncques n'est qu'il y ait enfans, ou qu'il l'ait releuée de maladie, ou gesine

XXXVIII.

Item, que l'homme noble, marié á vne femme non noble, anoblit sadicte femme constât leur mariage, & apres le trespas de son mary, ladicte femme estant vefue, iouït de pareille priuilege de noblesse, comme elle faisoit constant ledit marige, mais si elle se remarie à vn homme de poté, elle pert ledit priuilege de noblesse.

XXXIX.

Item, qu'vne femme vefue est priuilegiée de prendre le bail & gouuernement de ses enfans mineurs d'ans, de son feu mary & elle, si bon luy semble. Lequel gouuernemét elle aura, tandis quelle sera vefue, mais si elle se remarie, la iustice ordinaire pouruoyera de tuteurs ausdits enfans mineurs.

XL.

Item, vne vefue femme, qui a son doüaire en la moitié des heritages de sõ feu mary, est tenue retenir és heritages qu'elle tient en doüaire de couuerture pel, & torche, & non de vilain fondoir, si doncques n'est quil appert que par sa faut, ledit fondoire fust venuës mains de la quelle doüairiere les heritiers doiuent mettre en bon estat, ce qui depend de son doüaire.

XLI.

Item, que le mary est administrateur des heritages de sa femme, constant leur mariage, prend & leue les fruicts, & en dispose à son plaisir, & s'il a iustice ou Seigneurie, elle est exercée souz le nom dudit mary, tant que le mariage dure, mais la femme demeure tousiours possesseresse.

XLII.

Item, que toute rentes venduës à rachapt, & gagieres d'heritages sortisset nature de meubles, & appartiennent au suruiuant meubler, & sont tels rachaps imprescriptibles, s'ils sont donnez á tous bons points, ou toutes & quantes fois quil plaira au vendeur, & ses ayans cause, deracheter.

XLIII.

Item, la Coustume est telle audit Bailliage, que donner & retenir ne vaut.

XLIIII.

Item, est Coustume telle en icelluy Baillage notoirement obseruée, que le mort saisit le vif, son plus prochain heritier habile à luy succeder.

XLV.

Item, audit Bailliage, y a des Coustumes particulieres en aucuns lieux, qui se reglent selon la loy de Belmont, le droict de Saincte Croix, Sainct Gergonne, Saincte Glossine de Metz, & des Cheualiers & Escuyers. Ausqu'els l'on a eu recours le cas aduenant entre personnes & choses roturiers, & non en matiere feodalle, & de personnes nobles.

XLVI.

Item, que toutes prescriptions sont, par ladite Coustume, reduites à trente ans.

XLVII.

Item, Coustume est audit Bailliage, que celuy qui confisque le corps, confisque les biens.

XLVIII.

Item, que les arbres sauuages, fructiers percrus en terres arables, ou prairies non tenus en cloyson, sont par ladictes Coustume censez communs, & ne loist à aucun particulier les couper, sans authorité & permission du Seigneur, iaçoit que ledit arbre sauuage soit percru, & noury en son fond, & ne peut ledit Seigneur du fond s'attribuer le fruict dudit arbre

Item,

XLIX.

Item, que les heritages tenans, ou aboutissans sur chemins herdales, pasquis, ou autres aisances de ville, sont subiects à cloyson depuis la Sainct George iusques apres que les chatez sont leuez.

L.

Item, que les bourgeois, & autres habitans audit Bailliage de Sainct-Mihiel, sont tenus en prohibitiõ de faire troupeaux à part, pour tenir en vaine pasture, sur le ban, ou ils font residence, ny autre, s'ils n'ont priuilege de ce faire. ou qu'ils soient hauts iusticiers.

L I.

Item, que les habitans, & communauté d'vn village, ont droict de percours en vaine pasture, sur les bans ioingnans aux leurs, iusques aux esquarres des clochers, si clochers y a, sinon iusques au milieu du village, ou cense, n'est qu'il y ait boys, ou riuiere, moyens, ou qu'il y ait paction, & conuenance entre les communautez, au contraire.

LII.

Item, que nonobstant le droict de percours dessus declaré, chacune communauté a faculté d'embanir, & faire eschermie pour l'alimét de leurs bestes trayan ſans fraude, ſans empeſcher l'entrée ſur leurs bans, & iouïſſance du droict de percours en vaine paſture, ſur le reſte dudit ban.

L III,

Item, que par ladicte Couſtume le temps de paiſſon, & greniers des foreſts, dure depuis l'emmy Septembre, iuſques à l'emmy May, & la reſte de l'année eſt censé herbage,

L IIII.

Item, que iaçoit que les rentes conſtituées à pris de deniers à faculté de rachapt, & gagieres d'heritages ſoient cenſees meubles, ce neantmoins quand elles eſcheent de Pere, ou Mere aux enfans, elles ſont par apres cenſees nature de ligne.

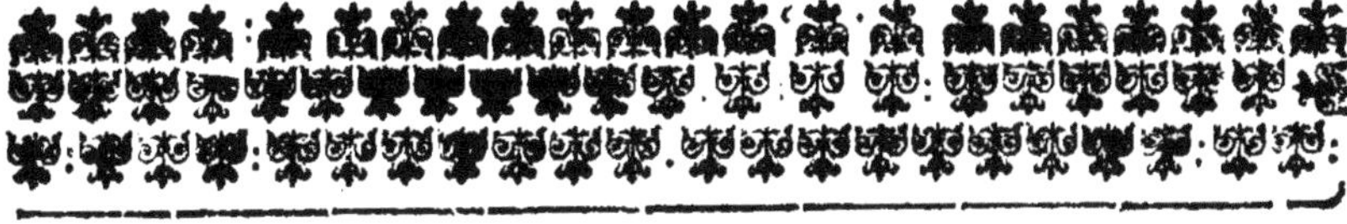

ORDONNANCES

SVR LE STYLE, ET REGLEMENT DE LA IVSTICE, EN LA COVR du Bailliage de Sainct-Mihiel, & és Cours inferieures y ressortissantes

Des Iuges, & de leur deuoir à dresser, & prononcer leur sentences, & de l'enregistrement d'icelles, par les Greffiers.

TILTRE PREMIER,

Article premier desdictes Ordonnances.

PREMIEREMENT, est ordonné à tous iuges dudit Bailliage, & à chacũ d'eux à sõ esgard, de faire, & administrer bonne & briefue iustice, à tous egalemẽt, & sans aucune faueur, ou acceptiõ de personne.

II.

Despescheront, & expedieront les procez pendans par deuant eux, qui se pourront vuyder par point de droict, & par fin de non receuoir, par ladicte fin de non receuoir, ſans regler les parties en preuue, & expediront tous autres procez, le plus briefuement que faire ſe pourra, ſans octroyer delais ſuperflus, ou extrai ordinaires : Meſmement les procez criminels, à l'inſtruction deſquels, ils procederont inceſſamment & ſans retard, afin que les criminels ne demeurent longuement priſonniers,

III.

Iugeront certainement par les choſes alleguée, & prouuées par deuant eux, & prononceront leurs ſentences claires, & ſans ambiguité, ou incertitude, & metteront par deuers les Greffiers, ou Clerc-iurez de leur cours les brefs, & *dictum* de leurs ſentences, tant diffinitiues, comme interlocutoires, pour eſtre enregiſtrez par leſdits Greffiers, ou Clerc-iurés, afin qu'aucune choſe n'y ſoit adiouſtée, diminuée, ou changée, de puis la prononciation. Toutes leſquelles ſentẽces ſeront pronõcées en iugement, parties preſentes, ou deuëment appellées, & ſera eſcrit au deſſouz, du *dictum* par la main du iuge, ce qu'il aura receu pour la viſion du procez, & de qui, & incontinent apres la prononciation deſdictes ſentences, leſdicts Greffiers, ou Clerc-iurez ſigneront, & garderont par deuers eux les brefs, & *dictum* & les enregiſtrerõt de mot à mot à peine de ſoixãte ſols d'amẽde, pour la premiere fois qu'ils y feront faute, & de plus grande peine en cas de recidiue, & en bailleront aux parties qui le requerõt coppie ſignée d'eux, qui ſoit conformé à l'original, qui leur aura eſté baillé, & mis és mains par le iuge.

IIII

Toutes cauſes excedantes la ſomme de dix frans d'oppoſitions, crimes, delicts, & autres cauſes dimportance, & conſequence(exceptez les cas priuilegiez, & dont la cognoiſſance doit appartenir en premier inſtance au Bailly, ou ſon Lieutenant) ſe plaideront en premier inſtance, par deuant les Preuoſts dudit Bailliage, ou leurs Lieutenants, entre perſones qui ſeront de leur iuriſdiction, & n'en prendront les Mayeurs, & autres iuges inferieurs des lieux du domaine de ſon Alteze, aucune cõgnoiſſance ſur peine d'amende arbitraire. ſi donc ils n'ont priulege au contraire.

V.

Les Mayeurs, & Eſcheuins des iuſtices de ſon Alteze, ou des Seigneurs hauts iuſticiers, moyens, & bas, ny les officiers deſdits hauts iuſticiers ne prendront aucuns deſpens ſur les parties plaidantes , par deuant eux és iournées ordinaires, ou extraordinaires, n'eſt doncques qu'ils aillent dehors par neceſſité, ou pour la cõmodité des parties, pour informer, ou enqueſter Ains ſe contenteront és iournées ordinaires du taxe des commiſſions,& actes par eux donnez, & és iournees extraordinaires de quatre gros pour chacun siege de chacune cauſe,ſur la partie demandereſſe [ſauf á recouurer] ſi la iuſtice eſt cõpoſee d'vn Mayeur,& d'vn Eſcheuin ſeul, ou de ſix gros,ſi en ladicte iuſtice y a plus de perſonnes.

VI.

Le ſalaire du Mayeur, & d'vn Eſcheuin faiſans enqueſte,ou veuë de lieu,ſera de dix-huit gros par chacun iour, ou de deux frans, s'ils ſont en nombre plus grand.

VII.

Les officiers des Seigneurs hauts iuſticiers auront pour leur ſalaire,quand ils vacqueront à la cõfection de quelques enqueſtes,informations,audition recollement,&cõfrontation,ou qu'ils ferõt quelque veuë de lieu, à raiſon de deux francs par chacun iour, &le Greffier vn franc,&ſans deſpens,n'eſt doncques quo leſdictes infotmations & enqueſtes ſe faſſent hors le lieu de leur demeurance,pourla commodité des parties, le cas le requerant

VIII.

Tous leſdits iuges dudit Bailliage , ferront deuoir chacun endroit ſoy, de reſiſter aux voyes de faict, &

de punir, & corriger les outrages, mesfaits, & delits commis, & perpetrez és termes de leurs offices, & iurisdictions, à peine, s'ils n'en font leur deuoir, d'en estre mulctez, & punis selon l'exigence des cas, à exemple d'autres.

DV PROCVREVR GENERAL ET DE SES SVBTITVTS.

TILTRE SECOND.

IX.

LE Procureur General, ou son Substitut, féra faire à part roolle, & registre de ses causes, & de l'estat d'icelles, & fera deuoir de recouurer bons memoires, & instructions, pour la conduite, & poursuitte d'icelles, a fin qu'à faute de ce, la iustice ne soit aucunement retardee: Et feront ses Substituts deuoir de luy enuoyer, ou à son Substitut, au siege dudit Bailliage, instruction & memoire des affaires concernãts son office, à peine de soixante sols d'amende

X.

Lesdits Substituts dudit Procureur General, les Greffiers,Clerc-Jurés, Sergens,Forestiers,&Messiers s'informeront des oppressions, abus, excez, delits, crimes, & autres mesfaicts commis, & perpetrez és termes,& limites de leurs offices: Ensemble du faict des vefues, pupilles, mineurs, & des furieux, priuez de leur entendement,& autres personnes miserables & des chemins, ponts, & passages necessaires à reparer, pour du tout aduertir ledit Procureur General, afin d'y faire le deu, & acquit de son office.

XI

S'informeront aussi lesdits Substituts,Greffiers,& Clerc-iurez des cens non payez á son Alteze, deuoirs non faits,adueus,& denombremẽt non baillés, ostz, cheuauchees, cheuaux de seruice non fournis, & autres semblables cas: &de tout aduertiront ledit Procureur General, pour y faire le deu de sa charge.

XII.

Lesdits Greffiers, &Clerc-iurez bailleront, de trois mois à autres,audit Procureur General,ou à ses Substituts, roolle des procez conclus, esquels y escheoit amende à son Alteze.

XIII.

Si ledit Procureur General gaigne,ou perd sa cause il n'y aura condãnation de despens pour luy,ny contre,

tre luy, s'il n'a instigateur, ou partie ciuile, auquel cas l'instigateur ou la partie ciuile aura ou payera les despens, comme s'il estoit seul en cause. Et ainsi sera si ledit Procureur General prend la garandie pour aucũ, lequel sera cõdamné aux despens s'il perd sa cause, & les payera celuy, dont il aura despens.

XIIII

Ne sera ledit Procureur General tenu de monstrer procuration és causes, qu'il poursuiura audit Bailliage, ny en celles, oú il sera poursuiuy, à cause de son office.

DES ADVOCATZ, ET PROCVREURS, *postulants au siege dudit Bailliage, & és Cours inferieurs y ressortissantes.*

TILTRE TROIZIESME

XV.

NE seront receuës à postuler au siege dudit Bailliage aucunes personnes, qui ne soient Docteurs, ou Licenciez en droict & qui n'ayent preallablement presté le serment, le Procureur General de Barrois ouy, & és sieges inferieurs n'y seront receus aucuns, qui ne soient versez en practique iudiciaire, gés de bonne vie, & conuersation, qui aussi auant que d'estre receus á y postuler, presteront le sermét, ledit Procureur General de Barrois, ou és terres des hautz iusticiers leur Procureur d'office, ouy, & seront reiectez tous broüilleurs, & esgareurs de matieres, & les escritures qui seront dressees, par telle sorte de gens. A l'effect dequoy, & pour congnoistre par qui les escritures auront esté dressees, n'en seront doresnauant receüs aucunes en iugement, qui ne soient signees par l'Aduocat, ou Procureur qui les aura faictes & dressees

XVI.

Tous Procureurs comparans au siege dudit Bailliliage, & des Cours inferieures d'iceluy, autres que ledit Procureur General de Barrois, seront tenus faire exhibition de leur procurations, & en donner coppie á partie aduerse, si elle le requiert, pour l'impugner, & debattre, si elle void, que faire se doiue. Et ne seront telles procurations receuës esdits sieges, si elles ne sont passees par deuant deux Notaires iurez, de Cour temporelle, ou sous seel authentique, si ce n'est pour Prelats, Chapitres, Abbez, Couuents, ou Prieurez conuentuels, auquel cas les procurations passees sous le seel de leurs Archeueschez, Eueschez, Abbayes, Chapitre, Couuents, ou Prieurez ſeront receuës en iugement, pour leurs faicts,& cauſes,& non autrement,

XVII.

Les Aduocats: & poſtulants au ſiege dudit Bailliage, & és inferieurs y reſſortiſſants , ne demanderont delays ſuperflus, & fruſtratoires, pour prolonger les procez,& n'allegueronr, ou paſeront ſtyles,ouCouſtumes eſtranges,ny autres faicts, ou articles impertinents, & qu'ils ne croyent eſtre veritables.

XVIII.

Poſeront,& articuleront leurs faicts ſuccinctement & ſans vſer de redites, & ſeront brief en leurs plaidoyez, eſcritures,& additions, ſans toutesfois obmettre choſe,qui puiſſe ſeruir au merite de leurs cauſes, ne chercheront &formeront incidẽts mal à propos, & pour retarder la cauſe principalle, eſgarer la matiere, & empeſcher la conteſtation du playdoyé, au preiudice , & retardement du bon droit de leur partie aduerſe. Reſpondront, & conteſteront partinement ſur chacuns faicts , releuãs poſez par partie aduerſe, ſans les paſſer ſous ſilence , & ne demanderont par leurs eſcritures delays de garãd, exhibition de tiltres,veuë de lieu,ou deſignation ſpecificque,& particuliere de la choſe demandee,ains verballemẽt, & ſur l'acte pour y eſtre ordonné promptement , le tout àpeine de recouurer par partie intereſſee, deſpës ſur eux & d'amende arbitraire.

XIX

Les parties demandereſſes, Procureurs, ou Aduocats, ſe preſentans comme Procureurs, ſeront tenus de prẽdre & leuer les actes & appointements de la cauſe, à chacune iournee: Leſquels actes ſeront recongnus ſeelez, ou ſignez du iuge, qui les aura donnez & ſignez du Greffier, & n'en ſeront receus autres à l'inſtruction des procez.

DES SERGENTS ET ADIOVRNEMENTS,

TILTRE QVATRIESME.

XX.

NVLs ſeront receus & admis à porter l'office de Sergent en la Cour dudit Bailliage, ny és Preuoſtés du domaine de ſon Alteze reſſortiſſantes audit Bailliage ny és Preuoſtez du domaine de ſon Alteze reſſortiſſantes audit Bailliage, ſans ouÿr preallablemẽt le Procureur General,& qu'ils ne donnent chacun pleige, ou caution ſuffiſante de la ſomme de cẽt frans pour le moins,pour ſatisfaire aux abus,& mal-verſations que par malice,negligẽce,ou ignorance ils pourroient commettre, & auant qu'ils ſoiẽt admis & receus à porter,& exercer ledit office ils preſteront le ſerment,& ſera leur inſtitutiõ entregiſtree par le Greffier dudit Bailliage,quãt á ceux dudit Bailliage,&par les Clerc-iurés des Preuoſtés,quãt aux Sergẽts deſdictes Preuoſtés, auec declaratiõs des lieux de leurs reſidences, des noms, & ſurnoms de leurs pleiges, & cautions, & leurs demeurance, afin que par ce moyen l'on puiſſe prouuoir de remede conuenable à ceux qui par les oppreſſions,exactions abus, negligence, ou ignorance deſdits Sergents seront intereſſez,ne ſeront auſſi aucuns receus à porter &exercer office de Sergẽt,ſoit en la Cour dudit Bailliage,ſoit és inferieures reſſortiſſantes, s'il ne ſçauent lire & eſcrire.

XXI.

Eſt interdit auſdits Sergents,tant de la Cour dudit Bailliage, que des inferieures y reſſortiſſantes de receuoir, ſoit par eux, ſoit par perſonnes interpoſées les ſommes de deniers,ou autres choſes,pour leſquelles ils procederont à quelque execution : ains les ſeront deliurer par les debteurs,ou leurs achepteurs de gages aux creanciers,ou àceux qui aurōt charge desdits creanciers, de le receuoir, & ce à peine de dix frans d'amende, & de suspension de leur estat, & office,pour six mois pour la premiere fois,auec restitution de despens,dommages, & interests à la partie interessée,& s'ils y recideuent, seront priuez de leurdit estat &office,&declarez inhabiles á les porter,& exercer à l'aduenir,&outre ce condãnés á vne amende arbitraire,& aux despens,dommages,& interests, de la partie interessée, sinon qu'ils fassent paroistre promptement,& par escrit, auoir eu charge,& mandement expres des creanciers, de receuoir lesdits deniers, ou autres choses, pour lesquelles l'execution aura esté faicte,à faute dequoy sera procedé à l'adiudication desdictes peines.

XXII.

Leur est aussi interdit de prendre argent de ceux contre lesquels ils exploicteront, ou de leur bailler assignation à long iour,sinon que les deux parties en soient d'accord, & de proroger aux debteurs qu'ils executeront le delay de payer,que ce ne soit du consentement exprés de creanciers. à requeste desquels l'execution se fera, & ce à peine d'amende arbitraire pour la premiere fois, de suspension de leur office pour la seconde, & de priuation perpetuelle de leurdit office pour la troisiesme,auec dommages & interefts enuers la partie. Comme aussi leur est deffédu à peine d'amẽde de gager, & executer pour leurs salaires, ceux contre lesquels ils exploicterõt: si toutesfois ceux contre lesquels ils auront exploicté, pour euiter à ce qu'ils ne soient par apres adiournez en adiudication de despens, leur payant volontairemẽt leursdits salaires, ils feront tenus d'en charger leurs rapports & combien ils auront receu pour leursdits salaires. Pareillement toutes & quãtesfois qu'ils executerõt pour amendes adiugées, s'ils ont charge expresse, & par escrit des receueurs, ou fermiers desdictes amende, de les leuer & receuoir, ils tireront des parties executées attestation des sommes qu'ils receurõt, tant pour lesdictes amendes, comme pour leurs salaires, afin de iustifier leurs rapports, lesquels aussi ils chargeront de la reception par eux faicte desdicte sommes, & ce à peine d'amẽde arbitraire, pour chascune fois qu'ils y commettront faute, & leur est interdit sous la mesme peine de gager, & executer pour lesdictes amendes, sans auoir roolle signé de la main du receueur, qui les fera proceder á telles gageres, & executiõs, ou extraict du registre signé du Greffier du Bailliage, si c'est pour amẽdes adiugées en la Cour dudit Bailliage, ou des Clerc-iurez, & Greffiers des Preuostés, & Mairie si c'est pour amende adiugèes esdictes Preuostés & Mairies.

XXIII.

Ne procederont lesdits Sergents par saisie, gageres ou adiournements és iours & lieux de foires, & marchez sur les estrangers, & non demeurants és lieux desdictes foires & marchez, reserué pour les deniers de son Alteze, ou pour cas, ou cõtracts faict, esdictes foires & marchez: Si doncques esdits lieux n'y a priuilege de sadicte Alteze, ou de ses predecesseurs faisant au contraire.

XXIIII.

S'achemineront pour executer les Cõmissions, qui leur seront mises és mains, dedans deux iours apres qu'ils les aurõt reueuës, & cotteront en leurs rapport, les iours que lesdictes commissions leurs seront deliurées, & combien de temps il auront vacqué à l'execution d'icelles à peine d'amende arbitraire: & l'execution faicte, ils serõt tenus de remettre és mains des parties, à requeste desquelles ils auront exploicté lesdictes commissions auec leurs exploicts, sans les pouuoir retenir, sous pretexte de ce qu'ils ne seroiét payés de leursdits exploits, sauf à eux, à se pouruoir par requeste vers le iuge, qui les exploicts veus leur decernera executorial, pour leursdits salaires, contre les parties impetrantes desdictes commissions.

De toutes

XXV.

De toutes commiſſions ſoient ſimples, ou libellées les Sergents executeurs d'icelles bailleront aux deſpens des impetrans coppie, enſemble de leurs exploicts, à ceux contre leſquels ils exp'olcteront, ou à leurs gens, & ſeruiteurs · Ores meſmement qua ladicte coppie ne ſoit demandé, & où ceux contre leſquels ſera exploicté, leurs gens ou ſeruiteurs feroient refus de receuoir ladicte coppie, ils l'attacheront à la porte, du domicile, & de la deliurance de ladicte coppie feront mention en leurs exploicts, le tout à peine de cinq frans d'amende, pour chacune fois qu'ils defaudront, & de deſpens de retardement enuers la partie, & leur eſt defédu, ſous la meſme peine, de mettre en execution aucune commiſſion par eſcrit, qui ne ſoit ſignée, ou ſeellée du iuge, duquel elle ſera emanée, & oú ils recidiueront ſeront punis d'vne amende plus grande à l'arbitrage du juge.

XXVI.

Quand la commiſſion ſera libellèe il y aura huict iours pour le mois, entre le iour de l'exploict, & celuy auquel eſchoira l'aſſignatió, autrement l'adiournement ſera declaré incompetant, ſi la partie adiournée le requiert.

XXVII.

Les Sergens dudit Bailliage comparoiſtront en perſonne aux aſſiſes d'iceluy Bailliage, & y demeureront pendãt icelles, pour ouyr les plainctes que l'on pourra faire contre eux, y eſtre par eux reſpondu, & eſter à droict, à peine de ſoixante ſols d'amende, de ſuſpenſion de leurs offices, pour tel temps que le iuge arbitrera: Six deſquels Sergents, ou tel autre nõbre que ſera aduiſé par le Bailly, ou ſon Lieutenant (le Procureur general ouy) aſſiſteront aux iournées ordinaires d'iceluy Bailliage, pour accompagner ledit Bailly ou ſon Lieutenã, allant à ſon ſiege, & auditoire portants leurs verges deuant eux, à peine de ſoixante ſols d'amende, pour chacune fois qu'ils ne cõparoiſtront s'ils ne ſont exoniés de maladie, empeſchemẽts pour les affaires de ſon ALTESSE, ou autres excuſes legitimes, & quant aux Sergents des Preuoſts, & iuges inferieurs, ils ſeront tenus de comparoiſtre aux iournées ordinaires deſdits Preuoſts, & iuges ſur peine de cinq ſols d'amende, pour chacune fois qu'ils y defaudront, ſauf les excuſes raiſonnables.

XXVIII

Eſt deffendu aux Sergẽts dudit Bailliage, lors qu'ils ſeront en la ville de Sainct-Mihiel, d'en partir ſans en donner aduertiſſement au Bailly, ou ſon Lieutenant & au Procureur general, à peine de ſoixante ſols d'amende pour chacune fois qu'ils y feront faute.

DE L'ELECTION DE DOMICILE ET DV SERMENT de calomnie.

TILTRE CINQVIESME

XXIX

LES parties plaidantes, & comparantes á la premiere assignatiō en personnes, ou par Procureurs, serōt deslors tenuës d'eslire domicile és lieux, où les procez seront pendants, & oú ladite election de domicile n'auroit esté faite pour n'auoir esté requis, le domicile sera tunu pour esleu dès la premiere assignation, & tenuë de la cause és maisons des Aduocats, ou Procureurs, qui s'y seront presentés.

XXX.

Presteront les parties tant demanderesses que deffenderesses, le serment de calomnie auant contestation en cause, ou en autre endroict de la cause, quand l'vne des parties le requerera, ou que le iuge l'ordonnera d'officè, à peine de perte de cause par la partie, qui en fera refus,

DES DELAIS D'ADVIS, GARAND, veue de lieu, & autres auant contestation en cause, & de la contestation en cause.

TILTRE SIXIESME,

XXXI

LE demandeur en action simple, & quand la commission ne sera libellée, sera tenu à la premier iournée, & audiance de la cause, de declarer verbalement sa demãde, & le defendeur en venir, & defendre aux iours prochains suiuants, sans pouuoir demãder àladicte premiere iournée autre delay que d'aduis ou d'absence vne fois en la cause, ou pour auoir comunication des tiltres, dont le demandeur se sera vanté par sa demãde, ou pour faire monstre, & veuë de lieu, si la matiere y est disposée, ou bien pour sommer & amener son garand, si garand y escheoit, & lequel garãd aura autre delay pour sommer, & amener arrier-garand : Mais la commission estant libellée le defendeur au iour de l'assignation sera tenu de venir prest pour contester sur le libel porté en ladicte cõmission sans pouuoir prendre delay d'aduis, ains seulement le delay d'absence: Pourra toutesfois requerir delay de garand,ou veuë de lieu, s'il y escheoit,& la matiere y est disposée,ou bien communication des tiltres, dōt le demandeur se vantera par le libel de sadicte commission,& si le defendeur estant competamment assigné en vertu d'vne commission simple, ou libellée commet defaut,& il n'a causes,& exoines suffisantes pour en obtenir le rabat, ou bien si sur la demande du demandeur il prend delay de garand, il ne poura par apres tēdre á fins declinatoires,& de renuoy: Ains sera tenu de proceder,& passer outre en la causes en la Cour,où il sera conuenu, & n'y aura lieu de garand en matiere d'excez de delits ou d'attentats, encores que l'on y procedast ciuillement.

XXXII.

Si és dernieres escritures comme additions, ou quadruplicques se trouuent quelques faicts, qui n'ayent esté posez és escritures precedentes par la partie qui les aura fourny,& qui par ce moyen n'ayent peu estre contestez, sera loisible à la partie aduerse (sans retardement du procez neantmoins) d'y contester par deuant le iuge, ou commissaire vacant à l'enqueste.

XXXIII.

En toutes actions personnelles, & demandes, qui n'excederont dix frans, & ne contiendront qu'vn faict, les demandes des parties seront mises, & enregiſtrées en l'acte, & s'il eſt requis d'y faire aucune preuue par teſmoins, leſdits teſmoins ſeront ouys, & examinez en iugement ſommairement.

DES DEFAVTS ET DV PROVFIT D'ICEVX,

TILTRE SEPTIESME.

XXXIIII.

EN toutes matieres d'execution de ſentences ou obligations, le defaut auant conteſtation fait, & commis par le demãdeur, impetrãt de l'execution, importera congé de court au defendeur, auec deſpens, dommages, & intereſts, deliurãce des gages, ou deſcharge de l'achepteur de gages, & ſera l'execution tenue indeuë, & le demandeur condamné à l'amende : Comme ſemblablement l'oppoſant, ou autre defendeur en execution, ſera pour le proufit du premier defaut, par luy commis, auant conteſtation en cauſe condamné à nantir actuellement en deniers, la ſomme pour laquelle l'execution ſera commẽcée pour la tenir par le demãdeur, pendant le procez par prouiſion, en baillãt par luy cauſion pour la rendre, ſi dict eſt definitiue, que faire ſe doiue, a peine d'emPriſonnements, & detension de ſa perſonne,& ſi ledit oppoſant ou defendeur ne fournit deniers pour ledit nantiſſement,& les gages ſur luy pris& ſaiſis par ladicte execution, ſeront vendus, ou bien ſon achepteur de gages empriſonné, iuſques à plain nantiſſement de ladicte ſomme,

XXXV.

En cas poſſeſſoire de ſaiſine& nouuelleté, le defaut cõmis, auant conteſtation importera à la partie conparante gain de la recreance, auec deſpẽs, ſauf à l'autre partie ſa pourſuitte, ſur la pleine maintenue.

XXXVI.

Toutesfois le proufit deſdits defauts, ne s'adiugera ſinon que la partie deffaillãte ſoit rappellée auec intimation, pour en cas qu'elle propoſeroit exoines ſuffis'antes, luy eſtre ledit defaut rabbatu,& ſi en matiere d'execution le defendeur, qui à la premiere aſſignation auroit commis defaut, eſtant readiourné auec intimatiõ, commet de rechef defaut, pour le proufit deſdits deux defauts, l'execution ſera pleinemẽt abãdonnée, le defendeur condamné à l'amende de ſon oppoſition, ſi oppoſition y a, & aux deſpens dõmages & intereſts. Et en cas poſſeſſoire de ſaiſine& nouuelleté, pour le proufit de deux defauts, cõmis auãt cõteſtation [le defaillant eſtant toutesfois readiourné ſur le premier, auec intimation] la plaine maintenu ſera adiugée, à la partie comparante,

XXXVII.

En recongnoiſſance de cedule, le defaut auant cõteſtation commis par le demandeur, importera contre luy congé de cour au defendeur, auec deſpens: Et le defendeur defaillant, ſera readiourné auec intimation, & s'il ne compare, la cedule pour le prouffit des deux defauts ſera tenue pour cõfeſſee, & ledit defendeur condamné au payement de la ſomme y contenue, & aux deſpens, dommages, & intereſts.

XXXVIII.

Le ſemblable s'obſeruera, quãd aucun ſera appellé, pour voir declarer executoires quelques lettres obligatoires, paſſées ſous autre ſeel, que de l'vn des tabellionnages de ſon Alteze: A ſçauoir, que ſi le demandeur commet defaut auant conteſtation, le defendeur pour le proufit dudit defaut, aura cõgé de cour auec deſpens: Et ſi le defendeur, ayant commis defaut & eſtant readiourné auec intimation, ne compare, leſdites lettres obligatoires, pour le proufit deſdits deux defauts, ſeront declarées executoires.

En re-

XXXIX.

En reprinſe de procez, ſi le demandeur originaire commet deux de fauts de ſuitte, le procez ſera tenu pour delaiſſé, & le defendeur renuoyé abſout, auec deſpẽs. Et ſi auſſi le defendeur commet deux defauts de ſuitte, le procez ſera, pour le proufit deſdits deux defauts, tenu pour reprins, & ſera paſſé outre á iceluy comme de raiſon.

X L.

En adiudication de deſpens procedans de quelque executiõ, ou autre pourſuitte, pour le proufit de deux defauts cõmis de ſuitte, par le defendeur, les fins, cõclusions, & preuues du demandeur ſeront receuës, & droit fait ſur icelles, ſans rappeller ledit defendeur.

XLI.

En taxe de deſpens, pour le proufit d'vn ſeul defaut octroyé contre le defendeur, ſera procedè au taxe, ſans le rappeller : Le ſemblable ſe fera à l'eſgard des dommages, & intereſts, qui ſe pourront liquider promptement ſur les pieces.

XLII.

En action ſimple n'y aura, auant conteſtation en cauſe, que deux defauts, auec readiournement, ou intimation, pour veoir adiuger le proufit d'iceux, nonobſtant que par cy deuant on euſt accouſtumé d'en octroyer trois, ſans le quatrieſme, pour le peremptroire: Toutesfois és matieres de crimes, &d'excés pourſuiuis extraordinairement. ne ſe dõnera ſentence de contumace cõtre l'accuſé, ſinon que les defauts ſoient bien, & deuëment enſuiuis, & octroyez ſur adiournement à trois briefs iours, entre chacun deſquels y aura vn iour d'interuale, trois octaues, trois quinzaines, & la qatrieſme d'abondant, ainſi qu'on a accouſtumé audit Bailliage. Et ſe feront leſdits adiournements au domicile de l'accuſé, ſi domcile a audit Bailliage, ſinon à cris publicq, & par affiches à iours, & lieux de marché, plus proche du lieu où le c'ime, ou delict aura eſté commis: Et y aura vn adiournement, pour les trois briefs iours, vn pour les trois octaues, vn autre pour les trois quinzaines, & encores vn autre pour la quatrieſme quinzaine,

XLIII

Tous defauts en matiere ciuille, apres conteſtation en cauſe, ſeront peremptoires, & porteront forcluſion, de faire ce que le defaillant deuoit faire, par le dernier appointement de la cauſe.

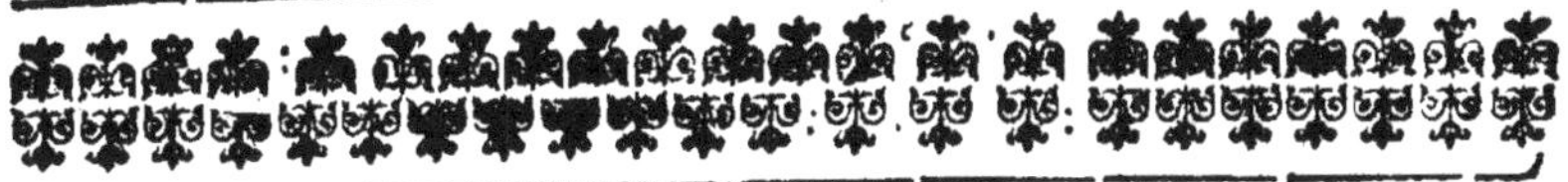

DES EXECVTIONS ACHEPTEVRS de gages, & oppositions formées ausdictes executions.

TILTRE HVICTIESME,

XLIIII

LEs Sergents qui mettront en executiõ sentẽces de Bailly, Preuosts, Gruyers, & Mayeurs, ou de leurs Lieutenans, qui ne serõt sur années, ou lettres obligatoires passées sous le seel de l'vn des tabelliõnages de son Alteze, auront main pleine & nantissemẽt des sõmes cõtenuës esdictes sentẽces, ou lettres obligatoires, & pour lesquelles ils aurõt charge d'executer ou de gages equiualans ausdictes sommes, ou biẽ d'achepteur de gages soluable, auãt que receuoir les debteurs à oppositions au appellations. Et auant tel nantissemẽt, ne differerõt sous pretexte desdictes oppositions, ou appellatiõs, de proceder, & passer outre à ladicte executiõ: Et quoy faisant, ils ne cõmettront attẽtasts. Le semblable se fera és executions, qui se ferõt en vertu de lettres obligatoires, passées so' seaulx de tabelliõnages des Seigneurs qui ont droict & priuilege d'auoir tabellionnage: Quãd lesdictes executions se feront au dedans de la iurisdiction, ou lesdits seaulx sont authēticques, ou bien apres que lesdictes lettres serōt declarées executoires. Si toutesfois l'execution se faisoit pour rentes, ou deniers deus à son Alteze, ne souffiroit que les debteurs pour nantir la main de Iustice, baillassent gages, ou acheteurs de gages, ains deuroient les debteurs nantir actuellemēt lesdictes rentes, ou deniers, auant que d'estre receus opposans ou appellans, en baillant par les receueurs caussion de les rēdre, si dict est à la diffinitiue de l'opposition ou appel que faire se doiue autrement, & á faute de tel nantissement actuel, le Sergent executeur passera outre à la vente & distraction des gages pris par ladicte execution, ores mesmement que ladicte execution fust faicte seulement en vertu d'vn roolle ou memoire, signé du receueur. Semblable droict & priuilege auront les Seigneurs hauts iusticiers és lieux de leurs hautes iustices, qui aussi pourront cōmencer par saisie la poursuitte de leurs droits Seigneuriaux, esdicts lieux de leurs hautes iustices.

XLV.

Ceux qui seront obligez de leurs chefs & se rēdront opposans aux exploicts faicts sur eux, par vertu desdictes lettres obligatoires, comme aussi les opposans aux executions faictes en vertu des sentēces renduës cōtre eux, ou en vertu de roolles signés des receueurs seront tenus à la premiere iournée, qui leur sera assignée, pour reduire leurs causes d'opposition, dire &

proposer leurdictes causes d'opposition, & tout ce qu'ils voudront dire contre lesdictes lettres obligatoires, sentences, roolles, commissions & exploicts sur icelles, à peine de forclusió de dire leursdites causes d'opposition, & d'abãdonnement de l'execution, & se donneront les assignations aux opposans à iours extraordinaires, sans attendre la tenuë des iournées ordinaires, pourueu toutesfois qu'entre le iour de l'exploit de ladicte executió, & celuy auquel eschoira l'assignation y ait huict iours. Seront lesdictes causes d'opposition & les contestations sur icelles escrites, en l'acte sur le champ, & tout promptement, & les opposans appointés à prouuer dedans la quinzaine, comme aussi les demandeurs s'il y escheoit.

XLVI.

Et où lesdictes cause d'opposition & contestations alleguees par les parties, à la premiere assignation, requeroient plus ample cõgnoissance de cause, & qu'il seroit necessaire les appointer à escrire, en ce cas elles serõt appointées à fournir d'escritures, dedans l'octaue, pour y contester par vne addition seule à l'octaue suiuante, à prouuer dedans la quinzaine apres: reprocher, conrtedire, & sauuer aussi d'octaue à autre, s'il y escheoit, & ce au greffe, & le tout par vn seul acte & appointemẽt, & peremptoirement, & á peine de forclusion sans autre declaration, pour dedãs trois iours apres les procez eſtre inſtruicts, & mis és mains du iuge, à ce de les iuger dedans l'octaue apres, ſans attendre les iournées ordinaires, ny extraordinaires.

XLVII.

Toutesfois ſi la matiere eſtoit de telle conſequence & difficulté que les preuues ne peuſſẽt eſtre faictes dedans la quinzaine, ou à raiſon des teſmoins, ou tiltres qu'il conuiendroit produire, qu'on ne pourroit faire venir, ou auoir dedãs ledit temps, ou pour quelques autres empeſchemens legitimes, le iuge pourra proroger le delay de preuue, à quelque autre brief iour, & neantmoins competant, ſelon ce qu'il iugera eſtre neceſſaire, la partie aduerſe, ou ſon Procureur ouy ſur ce: Et où l'vne ou l'autre des parties voudroit prendre delay d'abſence, pour ſatisfaire á l'vn deſdits appointements, faire le pourra au greffe, vne fois ſeulement, en tout le procez, & ne ſera ledit delay d'abſence que de huictaine.

XLVIII.

Si tels oppoſans ne font preuue de leurs cauſes d'oppoſition dedans le delay à eux prefigé, l'execution ſera abandonnée reellement & de fait, ſans plus attẽdre, & ſans qu'il ſoit beſoin les admettre à contredire les lettres obligatoires, ſentences, commiſſions, & exploits, deſquels les Sergents executeurs ſeront tenus leur donner coppie lors de l'exe cution, pour en venir à ladicte assignation premiere, comme dict est cy dessus, & ce à peine de cinq frans d'amende sur lesdits Sergents pour chacune fois qu'ils ferőt faute, & de despens, dommage & interests enuers la partie interessée, & se baillera ladicte coppie aux despens de la partie impetrante de l'execution, sauf à recouurer en diffinitiue si faire se doit.

XLIX.

Que si à l'execution qui se fera contre la personne obligée de son chef, il suruient vn tiers qui s'oppose à l'execution des biẽs de l'obligè, il y sera receu, & sera procedé sur ladicte opposition par mesmes delays, & appointements, qu'auec le debteur principal, & tels que dit est cy dessus, Et si ledit debteur obligé, est trouué saisi des biens sur lesquels l'execution se fera, la main de Iustice demeurera garnie, nonobstãt l'opposition dudit tiers.

L.

Que si és executions qui se feront en vertu de lettres obligatoires passées comme dessus, ou de sentences cõtre les heritiers du debteur obligé, ou condamné, l'opposition interuient de la part desdits heritiers, ou d'aucuns d'eux la main de Iustice ne sera garnie: Mais à la premiere assignation baillée à l'heritier opposant, il sera tenu de dire, & respondre s'il est heritier de l'obligé en tout, ou en partie, & pour quelle part, & se fera l'execution contre luy, pour telle part qu'il se dira heritier, comme elle eust fait contre l'obligé, ou condamné, s'il fust viuant, & si nul se monstre heritier, l'execution se fera sur les biens du defunct, apres neantmoins qu'á requeste du Procureur y aura vn curateur creé aux biens vacquans, & si aucun tiers s'oppose, il y sera receu, & procedera l'on comme cy deuant est dit, & ainsi se fera des executions, qui seront faites pour legats, en testaments passez sous seel authenticque, & demeurera la main de Iustice garnie des biens de l'hoirie cõtre les heritiers, qui auront accepté la succession, commé obligez de leurs chefs, par l'acception qu'ils en auront faicte.

L I.

Les Sergents qui mettront en execution lesdictes lettres obligatoires, sentences, ou autres instruments authenticques, desaisiront actuellement les debteurs executez des biẽs, tant meubles qu'immeubles, qu'ils prendront, & saisiront par execution, & commettront aux garde, regime, & gouuernement desdicts biens personnes capables, & suffisantes pour en rendre compte quand, & à qui faire se deura, & sera dit en diffinitiue, si doncques lesdits debteurs ne presentent gens soluables, qui se constituent achepteurs de gages, pour les sommes pour lesquelles lesdictes executions

cutions se feront, qui consentent que lesdicts gages demeurent ès mains des debteurs.

LII.

Ne pourront lesdicts Sergents procedans ausdicts executions prendre pour gages liures des Docteurs, iuges, & Aduocats, licts de femmes gisantes, outils d'ouuriers & artisans, instruments seruants au labourages de terre, ny bestes trayantes, ou autres gages pastellans, sinon en defaut d'autre meubles: Comme aussi ne pourront aucunement. soit qu'il y ait autres meubles, ou non, prendre pour gages les armes, & cheuaux de seruice des soldats estant au seruice de sō Altesse, ny les liures des estudiants en l'vniuersité du Pont-à-Mousson, à peine de nullité des executions & de restituer par lesdits Sergents à la partie interessée tous despens, dommages & interrests.

LIII.

Est interdit ausdicts Sergents executeurs de receuoir aucun Sergēt pour achepteur de gages, comme aussi de receuoir les debteurs pour achepteurs de leurs gages, pareillement de prendre & receuoir pour achepteurs de gages aucuns, qui ne soient residants sous la iurisdiction du iuge, qui aura ordonné l'execution, & qui ne soient soluables, & suffisants pour payer promptemēt les sommes, pour lesquelles ils se constitueront achepteur de gages, de laquelle suffisance lesdicts Sergents executeurs s'informerõt sommairement, & les trouuans soluables & suffisans, leur deliureront les meubles prins par l'executiõ sur les debteurs, si doncques lesdicts achepteur de gages ne declarent qu'ils les tiennent pour receus, & consentent qu'ils demeurent és mains desdicts debteurs, de quoy lesdicts Sergents chargeront leurs exploicts Et où ledicts sergents receuroient achepteurs de gages, qui l'ors de l'execution fussent non soluables, la partie qui ne receura interest poura auoir recours contre lesdicts Sergents, Si toutesfois y auoit certificateurs de la suffisãce de l'achepteur de gages, le creancier apres discussion faicte de biens dudit achepteur de gages, pourroit s'addresser cõtre lesdicts certificateurs pour le recouurement, & payement de ce que resteroit à payer de la sõme, pour laquelle ledit achepteur de gages se seroit rendu & cõstitué achepteur de gages, & dequoy les Sergents seront tenus aduertir lesdicts certificateurs, lors de l'execution.

L IIII.

Tous achepteurs de gages, apres la quinzaine, si dedans icelle n'y a oppositiõ, formée à l'execution, ou bien apres que l'execution sera abãdõnée, seront tenus de payer promptemẽt les sommes, pour lesquelles ils se seront cõstitués achepteurs de gages, & à ce faire, lesdits Sergents executeurs les contraindront, ou bien à tenir prison, sans admettre lesdits achepteurs de gages n'y les debteurs principaux à opposition ou appellation, iusques à ce qu'ils auront mõstré par deuant le iuge, qui aura ordonné ladicte execution, le payement de la somme estre fait,

LV.

Ladicte quinzaine passée, ou bien apres que l'execution sera abandonnée, si lesdit achepteurs de gages se cachant, ou absentent, ou bien si estants faits prisonniers demeurent quinze iours, sans payer les biens desdits achepteurs de gages, tant prisonniers cõme absents, ou cachez, mesmement ceux des debteurs principaux, au cas que les achepteurs de gages, n'auroient receu les gages, & ne leur auroient esté actuellement deliurez, seront prins & vendus iours apres autres, pour faire solution des sõmes, pour lesquelles ils se seront constituez achepteur de gages, l'execution d'emprisonnement ne cessant pour l'autre, & seront les achepteurs de gages qui viendront à tenir prison, apres l'octaue de leur emprisonnement nourris de pain, & d'eaux tant seulement, sans que les creanciers ou debteurs, soiēt tenus leur payer autre chose, & de tout ce que dessus, les Sergents executeurs les aduertirōt auant que de les receuoir, afin qu'ils n'y pretendent cause d'ignorance.

LVI.

Ceux qui seront obligez par lettres obligatoires, passées sous seel authẽtique, pour faire aucunes choses escheantes en fait, & qui ne seront estimées cõme façõs d'ouurages ou autres semblables choses ou qui à ce seront condamné, seront contraints par la prinse, & saisie de leurs biens. Et en cas d'opposition la main de Iustice demeurera garnie reellement, & de fait, iusques à ce que les obligez, ou condamnez auront baillé caution suffisante és mains des iuges, qui auront ordonné lexecution de faire, & parfaire ce qui sera porté par les lettre obligatoires, ou sentẽce, ou de payer tels dommages & interests qui à la diffinitiue seront taxez, & estimez par le Iuge.

LVII.

Est enionct aux Sergents, de faire és lieux à ce ordonnez, les ventes & subhastation des gages, par eux pris par execution, & de les vendre par le menu, & piece par piece, sans vendre, ou subhaster le tout ensemble, & de ne proceder par execution, sans commission de iuge, & sans requeste de partie impetrãte, telle commission, & de ne mettre en tauerne les gages par eux pris, par execution, sur peine de soixãte sols d'amende, & aux tauerniers de ne receuoir tels gages, apeine de perdre ce qu'ils auront creu sur lesdicts gages, & de pareile amende de soixante sols.

LVIII.

Si pour l'execution de quelques sentences, lettres obligatoires, ou autres instruments, conuient saisir, crier, & subhater quelques heritages, ou autres choses immebles apres la discussion, & vente des meubles prins par ladicte executiõ, les criées, & subhasta tiõs des immeubles se ferõt, & continuerõt par trois quinzaines, & la quatriemesme d'abondant, à iour de Dimanche à l'issiuë de la Messe Parochiale, & au deuant de l'Eglise Parochiale, du lieu de la situation desdits immeubles. Et à chacune desdictes criées le Sergent executeur sera tenu de declarer, & specifier par le menu lesdits immeubles, auec desination de leurs situation, royaux, & tenãts: Et s'en feront les mises à pris, encheres, & sur-encheres, par le menu & pieces, par pieces & non en globe: n'estoit donc que les criées, & subhastations se fissent de quelque Seigneurie, ou gaignage, auquel cas les mises à pris, encheres, & sur-encheres se ferõt de la Seigneurie, ou du gaignage en son total, & en globe, & non particulierement de chacune piece en dependãte, afin de ne desmembrer la Seigneurie, ou le gaignage. Et desdictes declarations & specifications, encheres & surencheres, mettra ledit Sergẽt affiches à la principale porte de ladicte Eglise parochiale, & aux manoirs s'il y en a entre lesdicts immeubles saisis, & à chacune criée signifiera le tout au debteur en sa persõne, ou à ſon domicile, meſmement les oppoſitions, ſi aucunes ſont formées auſdictes criées, & de tout ce que deſſus chargera ſes exploicts,

LIX.

Ne pourront les Sergents executeurs diſcontinuer les criées, à peine de nullité d'icelles, & de recouurer ſur eux, par la partie intereſſée, tous deſpens dommages & intereſts : Si toute fois l'vne deſdictes quinzaines eſcheoit au iour de paſques communiant, Pentecoſte, Feſte de Touſſaincts, ou de Noel, elle pourra pour la ſolemnité du iour, & ſans vice, & nullité des criées, eſtre continuée à l'octaue ſuiuante.

LX.

Tous encheriſſeurs, & oppoſant ſeront receus par leſdicts Sergents qui feront leſdictes criées. Neantmoins ne leur ſera baillée aſſignation, ſinon à la fin deſdictes criées, Et ſeront leſdicts oppoſant tenus de dire, & propoſer leurs cauſes d'oppoſition, à la premier iournée qui leur ſera aſſignée, pour ce faire à peine de forcluſion : & ſera ſur leſdictes oppoſitions procedé par meſme appointements, & delays que dit a eſté cy deſſus, pour le reglemēt des oppoſitions formées par les debteurs. Que ſi leſdits oppoſans cōmettēt defaut, ſerōt pour le proufit de deux defauts octroyez de ſuitte, forclos de dire leurs cauſes d'opposition, comme aussi pour le proufit de deux defauts octroyez de suitte contre les debteurs, appellés pour voir proceder à l'adiudication par decret, des biens exposez en criées, sera passe outre à ladicte adiudicatiõ sans plus les rappeller, à l'effect dequoy les readiournemẽts qui se feront sur le premiere desdits defauts, tant contre les debteurs, que contre lesdicts opposans, se feront auec intimation.

DES PREVVES, ET DES DELAYS POVR LES FAIRE.

TILTRE NEVFIESME.

LXI.

LEs matieres & actions simples, & pareillement és causes possessoires de saisine, & nouuelleté, ou de simple saisine, n'y aura que deux delays de prouuer, dedãs lesquels la partie qui sera appointée à prouuer, sera tenuë de faire ses preuues à peine de forclusion pure, & simple, sans qu'il soit loisible au iuge de proroger, & continuer lesdits delay de preuue, si ce n'est du gré, & consentemen, de l'vne, & l'autre parties, ou en cas de necessité, & auec congnoissance de cause. Mais és causes, & matieres d'executions, ou quād il y aura position de faits nouueaux, cōme aussi és causes d'appel, matieres de reintegrande ou d'excés, & delicts, poursuiuis ciuilement n'y aura qu'vn seul delay de prouuer, dedans lequel les parties seront tenuës de faire leurs preuues, à peine de forclusion,

LXII.

Est defendu à tous Iuges, d'ouyr tesmoins sur faits superflus & non releuans: Et au cas qu'ils en oyroient à requeste de la partie, qui les auroit posé, telles preuues seront reiettées, sans esperance de recouurer par ladicte partie les despens faits pour cest esgard encores qu'elle obtienne gain de cause, & pourōt les parties, auant l'enqueste, requerir les iuges de veoir les escritures, & cotter les faits qu'il iugeront estre releuans, pour admettre le parties à la preuue d'iceux, & en examinant lesdits temoins, les iuges les interrogeront exactement sur tout les fait, & sur les circonstances, & dependances d'iceluy, & notamment és matieres extraordinaires.

LXIII.

Les parties estant appointées à prouuer és procez qui seront pendans au sieges du Bailliage, deuront dedans les delays, ordonnez par le present reiglemēt s'adress'adresser au Lieutenãt general, que s'il est absent de Ville, ou declare n'y pouuoir vacquer, dedãs lesdits delays, elles s'adresseront au Lieutenant particulier: & où l'vn & l'autre desdits Lieutenants seroient absents, ou ne pouroient vacquer au fait des enquestes desdites parties, dedans lesdits delays, elles s'adresseront au plus ancien Aduocat, non suspect, & n'estãt du conseil de l'vn, ny de l'autre des parties, pour dedans lesdits delays estre faictes lesdictes enquestes, à peine de forclusion contre la partie negligente, sans que ladicte forclusion puisse estre empeschée, ny le delay de prouuer continué, sous pretexte de ce que ladicte partie allegueroit auoir dedans ledit delay loué commission & demande iour à l'vn, ou à l'autre desdits Lieutenans.

LXIIII.

Les parties litigantes pourront, soit auant, soit pẽdant les delays de preuue, & auant neantmoins que faire enqueste, & sans retardemẽt du procez, se faire interroger l'vne l'autre par serment, sur les faits par elles posez, cõme sur faits pertinents: Et serõt tenuës d'en respõdre & affirmer dedans les delays, qui pour ce faire leur serõt prefigés par le iuge, à faute de quoy lesdits faicts seront tenus pour confessez, & auerez.

LXV.

Nul sera receu (si ce n'est du consentemẽt des parties) à vuyder par Procureur, loy de serment decisif, ains en personne, partie presente ou appellée, par deuant les iuges, où la cause sera pendãte, ou par deuãt ceux qu'ils commettront pour receuoir les sermẽts, & depositions des parties.

DES REPROCHE, CONTREdicts, & saluations,

TILTRE DIXIESME.

LXVI.

NE sera dõné qu'vn seul, & bref delay pour bailler reproches, contredicts, & saluatiõs sans esperãce que ledit delay doiue estre retiré aucunemẽt, ny le procez retardé, & à faute, d'enfournir dedãs ledit delay, le procez sera tenu pour conclu, & faict droict sur ce que sera trouué par deuers la Cour, à requeste de ce luy qui poursuiura droit luy estre fait.

LXVII.

Et defendu aux parties, de proposer aucuns fait de reproches calomnieux, à peine de cinq frans d'amẽde, pour chacun fait qui se trouuera calomnieux, & de reparation enuers le tesmoing, reproche en cas qu'il en face plainte, nonobstant toutes protestatiõs qui pouroient auoir esté faictes au contraire par la partie qui auroit proposé lesdits faits de reproches.

DES DECRETS, ET RESCRITS *obtenus de son Alteze pour poser faicts nouueaux, ou fournir autres escritures.*

TILTRE VNZIESME.

LXVIII.

S'Il aduient que l'vne ou l'autre des parties obtiéne decret de son Alteze pour poser faicts nouueaux, ou fournir de reproches, & saluation, dõt le procés soit retardé, il y sera procedé à iours extraordinaires, & la partie qui aura impetré tel decret sera incontinent apres l'enterinemẽt d'iceluy, tenuë de fournir ses faict nouueaux, reproches, saluations, ou autre escritures, à quoy elle sera admise, ausdits faicts nouueaux sera respondu, repliqué, & dupliqué par brief delays, & d'octaue à autre, sans escrire dauantage, & sans attẽdre les iournées ordinaires, & sera l'appointement donné par vn seul acte, & le tout perẽptoiremẽt, & si pour la secõde fois aucũ obtenoit decret pour estre admis à poser & prouuer faicts nouueaux, ou fornir de reproches, sera tenu auant qu'il soit procedé à l'enterinement dudit decret, se purger par sermẽt si les faicts nouueaux, ou de reproches qu'il pretend poser sont venus à sa congnoissance nouuellemẽt, & depuis la position de ses autres faicts.

DE LA CONCLSION EN CAVSE.

TILTRE DOVZIESME,

LXIX.

LAPPOINTEMENT de Conclusion en cause, emportera deport, & descheance de satisfaire aux appointements donnez en la cause, ausquels les parties n'auront satisfaict, n'y s'en deporté nommement.

LVI. INSTRVCTION, ET DISTRIBVTION DES PROCEZ ESTANS EN DROICT.

TILTRE TREIZIESME.

LXX.

TOVS procez par escrit s'instruiront par chacune des parties dedās quinze iours, apres qu'elles serōt appointées en droict à peine de soixante sols sur les defaillans, d'istruire dedans la quinzaine, & de despens de procez retardé, en cas que la partie ayant instruit en face plainte, & apres lesdictes amēdes & despens adiugés, sera ordonné par seconde iussion d'instruire dedans autre quinzaine, autrement sefera droict sur les pices de la partie qui auara instruit, sans auoir esgard aux pieces defaillantes. Et seront les inuentaires seruans à l'instruction des procez dattez, & signez par les Aduocats, ou Procureurs des parties postulans en la Cour, où seront pendant lesdits procez. Et vuiderōt les iuges les procez dedans vn mois, & pour le plus tard és matiers de grande importance dedans six semaines, apres qu'ils leurs seront mises és mains. Les incidents incontinent qu'ils feront reglés endroict, & les causes, & matieres d'executions dedans l'octaue, apres qu'ils leur feront distribués, lesquels dedans trois iours apres qu'ils feront en droict, feront instruits, & mis és mains du iuge, ainsi qu'il est porté par l'article quarante-sixiesme cy dessus. Et ne differeront lesdits iuges de prononcer leurs sentences, sous vmbre que l'vne des parties demande absence attenduë de conseil, ou autres delays, pour proteler ou empescher le iugement des procez estãs endroict, ny pour l'absence des parties ou de l'vne d'icelle, y ayant iour.

LXXI.

Les procez qui feront pendants au siege dudit Bailliage, estans instruits & distribuez és mains du Lieutenant General pour les iuger, serõt par luy iugé dedans les delays prefigez par le present reglement, & où, pour son absence ou autre empeschemét, il ne le pourroit faire, il sera tenu de les remettre, ou réuoyer au greffe, pour estre distribuez au Lieutenant particulier, le tout à peine de priuatiõ du iugemét desdits procez, & de condamnation aux despés, dommages, & interests enuers la partie qui en fera plainte. Et lequel Lieutenãt particulier sera tenu sous les mesmes peines, de faire droict sur lesdits procez dedans semblables delays, conter du iour que la distribution luy en sera faicte. Que si pendant les delays, dedans lesquels les procez d'execution doiuẽt eſtre inſtruits & diſtribués ledit Lieutenant Generale eſt abſent, ils ſeront mis és mains du particulier, pour les iuges dedãs leſdits delays, à conter du iour de la diſtributiõ, & ce aux peines ſuſdictes.

DES APPELLATIONS.

TILTRES QVATORZIESME

LXIIX.

LEs Sergents rapporterõt au greffe dudit Bailliage, ou és greffes des Preuoſtez, & grueries d'iceluy, eſquelles ils ſerõt eſtablis, les appellatiõs qui ſeront faictes & interiettés de leurs exploits & execution, dedans quinze iours au plus tard, à peine d'en eſtre punis.

LXXII.

Differetõt aux appellations qui ſeront interiectées d'eux, ſauf toutesfois en matieres criminelles, eſquelles ils ne differerõt pour appellations quelqu'onques, qu'il ne procedent à la prinſe, & empriſonnement de ceux qui seront trouués en present messait, & flagrant delict, ou dont ils aurōt charge des Bailly, Lieutenant, & autre iuges inferieurs dudit Bailliage, ayans pouuoir, & authorité d'ordonner telles prinses, & emprisonnements, lesquels Sergents ne differeront aussi pour lesdictes appellatiōs de proceder à l'execution des sentences des iuges dudict Bailliage, & des lettres obligatoires passées soul seel de l'vn des tabelliōnages de sō Altesse, ou autre declarées executoire, qu'ils n'ayēt prealablemēt la maī de iustice garnie des sōmes cōtenües esdittes sētence ou lettres obligatoires, & pour lesquelles ils aurōt charge de proceder à l'execution, le tout sans preiudice ausdittes appellations, & sans toutes fois faire aliaenation, ou distraction des biēs pris par executiō, iusques apres la decision de l'appel, ou opposition, si ce n'est pour rentes & deniers deus à son Alteze ou bien aux hauts Iusticiers, és lieux de leurs haute Iustice, ainsi qu'a esté dict cy dessus.

LXXIIII.

Les Sergens inserreront en leurs rapports la declaration que les inthimez en cas d'appel leur feront de nevouloir soustenir les sentēces, & exploicts donnés, & faicts à leur prouffit, ou requestes. Lesquelz inthimez qui feront telles declarations, ne serōt tenus de comparoistre aux assises dudit Bailliage, & rapporteront lesdits Sergēs dudit Bailliage quinze iours auāt

lesditte

lesdittes assises, qui se tiendront par chacun an, le ieudy apres la feste du S. Sacrement, vn roolle de tous les exploicts qu'ils aurōt faicts, en cas d'appel, signé de leurs mains, auec declaration des noms, & surnōs des appellans, adiournez, & intimez, & de leurs demeurances, sur peine de cinq frans d'amende sur les defaillants, de satisfaire à ladicte ordonnance.

LXXV.

Les appellans, & adiournez, seront tenus faire leurs presentations au greffe, le mardy & mecredy immediatement precedents lesdictes assises, & ce sur peine de desertion sur les appellans, & de l'amende du mal iugé, & exploict sut les adiournez: Pareille presentation seront tenus faire les intimez, autrement ils ne prendront aucun proufit en la sentence dont est appel, & en leur lieu sera subrogé le Procureur General, si bon luy semble, ou le Procureur de Seigneur haut iusticier, pour soustenir, ladicte sentence.

LXXVI.

Ausdictes assises tous appellans, ou quand l'appel sera anticipé, apres les quarante iours, seront tenus d'exiber leurs reliefs d'appel & exploicts faicts sur l'execution d'iceux, autrement l'appellation par eux interiectee, sera declairée deserte, sur le champ, sauf le delay d'absence.

LXXVII.

Tous adiournez, & leurs Greffiers seront tenus de deliurer les procez, & sentence, dont sera appel au Sergent executeur du relief d'appel, ou commission d'anticipation sans aucun delay, à peine de soixante sols d'amende, & des despens procedans du defaut de la deliurance, & à cest effect, les commissions seront chargées de clause pource pertinentes, afin de releuer des frais les parties.

LXXVIII.

Ne seront tenus comparoistre ausdittes assises ordinaires (saufles assises general) les officiers qui ne serōt adiournez en cas d'appel, d'abus, ou d'attētats, si bon ne leur semble, n'est doncques que pour quelques excez ils soient adiournez à comparoistre en personnes.

LXXIX.

Ceux qui seront cōdamnez en quelques amendes enuers sōn Alteze, encores que de la sentence portāt telle condamnation y ait appel, seront nonobstant ledit appel, & sans preiudice à iceluy contraints à les payer en baillant par les officiers qui receuront lesdites amendes, caution suffisante de rendre les deniers d'icelles, si faire se doit, & il est dict en la diffinitiue de la cause d'appel.

LXXX.

Es appellations verbales les reliefs d'appel contien dront sommairement les grief des appellans: A l'effect dequoy est defendu au Greffier de deliurer aucuns reliefs d'appel, sinon sur memoire dressé, & signé par Aduocat, & si lesdictes appellations sont interiettées de quelques appoinctements concernants le reglement de la cause, ou de iugemẽts concernãts matieres legeres, & de petite importance, il y sera procedé par mesme appoinctemẽs, de delays qu'a esté dit cy dessus, pour les causes, & matieres d'executions.

LXXXI.

Les appellans en matiere ciuile qui renonceront à leurs appellations, encores que les renonciation soiẽnt faictes dedans l'octaue, seront tenus les faire signifier à la partie aduerse dedans ladicte octaue, ne stoit qu'ils fussent appellans de quelque sentence, ou appointemẽt de iuge redigé par escrit, auquel cas faisans la renonciation au greffe du iuge qui auroit dõné la sentence, ou appoinctement, ou bien au greffe dudit Bailliage, dedans l'octaue, ne seroiẽt tenus de faire ladicte signification: Mais la faisant apres ladicte octaue, soit en l'vn ou l'autre desdits greffes, seront tenus de faire ladicte signification.

LXXXII.

Es matieres de crime, & d'excez, si les sentences, dont sera appel, portẽt condamnation à mort naturelle, ou ciuile, au fouët, ou autre peine corporelle, torture, amende honorable, confiſcation de biẽs, les iuges qui auront rendu telles ſentences ſeront tenus incontinẽt apres l'appellation interiectée, mener, ou faire mener l'appellant audit Sainct Mihiel, pour eſtre auec ſon procés preſenté, & deliuré au Bailly, ou à ſon Lieutenant, ſans attẽdre par leſdits iuges *à quibus*, que l'appellant releue ſondit appel, ou qu'ils ſoient de ce faire interpellés, ſur peine d'amende arbitraire. Et ne receuoir és cas ſuſdicts leſdicts iuges *à quibus*. les renonciations que pourroient faire leſdits appellans à leurs appellations, ains nonobſtant telles renonciations les feront mener audit S. Mihiel, comme dit eſt.

LXXXIII.

Si toutesfois telles criminelz eſtoient appellans seulement d'appointemens, ſeruants à l'inſtruction du procez, ſans inflictiõ de peine corporelle, ſuffira que leſdits iuges *à quibus*, enuoyent incontinent apres l'appel interietté audit Bailly, ou ſon Lieutenant, la procedure dont ſera appel, ſans y mener, ou faire mener les perſonnes deſdits appellans, ſinon que ledict Bailly, ou ſon Lieutenant ayant veu la procedure, trouuaſt la matiere eſtre diſpoſée d'ouyr leſdits appellans par leur bouche, ſur leurs griefs, ou ſur quelques faicts reſultans du procez, & que ſur ce il ordonnaſt leſdicts appellans luy eſtre menez.

DES AMENDES D'APEL DU MAL SOUSTENU, ET DEFAUTS SUR LES COMMUNAUTEZ.

TILTRE QUINZIESME,

LXXXIIII.

LEs amēdes soit du fol-appel, soit du mal soustenu par les communautez, Chapitres, Colleges, Couuents, & telles autres Vniuersitez qui s'adiugeront en la Cour dudit Bailliage, ne seront que de dix frans, & celles des defauts que cōmettront lesdictes Communautez, & Vniuersitez en la Cour dudit Bailliage: Comme aussi des oppositions qu'elles formeront à excutions, ne seront que de cincq frans, & és Cour inferieures de neuf gros.

DES IMPETRANS DE LETTRES DE GRACE, ET REMISSION ET AVTRES pat entes.

TIETRE SEIZIESME.

L XXXV.

TOvs impetrans de letrres de graces, remiſſion, & de ſimple par don, & d'autres lettres patentes en pourront requerir l'enterinement, comme en tel cas eſt requis auſdictes aſſiſes, où és iournées ordinaires dudit Bailliage ſans eſtre cōtrains d'attendre leſdictes aſſiſes, ſi bō ne leur ſemble: Leſquels toutes fois ils ne cōparent aux prochaines aſſiſes, depuis qu'ils auront impetrez leurſdictes lettres de grace, remiſſion ou pardon, perderont le merite d'icelles

DES INVENTAIRES QVE LES TVTEVRS ET CVRATEVRS DOIVENT DRESSER.

TILTRE DIXSEPTIESME.

LXXXVI.

TOVS tuteurs, & curateurs, feront par authorité de Iuſtice, faire inuentaire des biens meubles, & immeubles, appartenant aux pupilles, ou mineurs, aux corps & biens deſquels ils ſeront creez, & en donneront coppie deuëment ſignée au Procureur general de Barrois dedans quarãte iours, à peine de ſoixante ſols.

Ainſi ſigné T. de Lenoncourt, Bailliy de Sainct-Mihiel. I. Bourgois. P, Galloys.

PROCES VERBAL.

LE CINQVIESME IOVR DV MOIS DE Septembre, Mil ſix cens & ſept: Comme nous Theodore de Lenoncourt, Baron de Neufuron, Seigneur de Gondrecourt en Vvoipure, Olley, la Neufuille aux bois &c. Conſeiller d'Eſtat de S. A. & Bailly de Sainct-Mihiel, eſtions au lieu de Nancy, aurions receu mandement de ſon Alteſſe en datte dudit iour duquel la teneur ſenſuit.

CHARLES par la grace de Dieu, Duc de Calabre, Lorraine, Bar, Gueldres, Marchis, Marquis, du Pont-à-Mouſſō, Comte de Prouence, Vaudemont, Blamont, Zutphen, &c. A noſtre treſcher & feal, le Sieur de Lenoncour, Conſeiller d'Eſtat des Noſtres, & Bailly de Sainct-Mihiel, ou ſon Lieutenant, Salut. Les gens des trois Eſtats du Bailliage de Sainct Mihiel, depuis quelque temps en ça & nommement en l'aſſemblée derniere de nos Eſtats generaux tenus en ce lieu de Nãcy au mois de Mars de l'année preſente, mil ſix cens

& sept. Nous ont instamment requis & supplié de vouloir les faire particulierement conuocquer, & appeller, tant pour recognoistre quelques articles du cayer escrit mis sous la presse, & homologué de nous des Coustumes dudict Bailliage, que pour autres Requestes qu'ils auoient à nous presenter. Et desirant de nostre part en ce les gratifier de tant plus singulierement qu'il y va du faict de la iustice, aduancement d'icelle, & de suitte de bien, & de la trãquillité publique : Nous vous mandons, & à chacũ de vous ordonnons, qu'au plustost ceste receuë, vo^9 faictes à cris publicque de Trompettes, ou de Tambours, publier en tous les lieux principaux en chacune Preuostez de vostredict Bailliage, par iour de marché, si marché y a, sinon aux Auditoire, ou siege ordinaires d'icelles és iours des plaidoyeries, audiences, ou tenues des causes, que nous auons proposé, & esperons (Dieu le permettant) nous trouuer au lieu de Sainct-Mihiel, le vingt-cinquiesme iour de ce mois, pour dés le lendemain vingtsixiesme, entendre & ouyr qu'elles sont les Requestes & supplications que lesdits des Estats dudict Bailliage pretendant nous y faire : Et qu à ces fins les gens d'Eglise, Vassaux, & de la Noblesse, & ceux du tiers Estats, ayent à comparoit pour lesdittes Requestes ouyës y estre par nous procedé. Faict & ordõné ainsi que par raison appartiendra, car ainsi nous plaist. En tesmoing dequoy nous auõs signé ces presentes de nostre main, & à icelles faict mettre & apposer en placart nostre seel secret. Données en nostre Ville de Nancy le cinquiesme iour de Septembre, mil six cens & sept. Signé CHARLES. Et plus bas est escrit, Par son Altesse. Les Sieurs de Gournay chef du Conseil, & Bailly de Nancy, de Maillanne Mareschal de Barrois, de Lenoncourt Bailly de Sainct-Mihiel, de Lenoncour Abbé de Beaupré, de Thessieres, de Ragecourt gouuerneur de Bitche, Mainbourg, & Bardin maistres aux Request ordinaires: Le Pougnant, Pesto, & Bailliuy presents. Et contresigné pour secretaire B. Dauboucey, & seellé en placart sur Cire vermeille.

POur l'execution duquel sommes le mesme iour party dudit Nancy, & arriué le lendemain audit Sainct-Mihiel, ou nous aurions dressé commissions, & d'icelles enuoyé à noz Sergents en chacune Preuosté dudit Bailliage, auec coppie dudit mandemẽt soubsigné de nous: Et leur mandé & ordonné de le publier à haute & intelligible voix, apres en auoir donné l'aduertissement à son de Tompette, ou de Tambour, ez lieux accoustumez à faire semblables cris & publications esdittes Preuostez: & d'iceluy laisser coppie par affiches signées d'eux, affin que personne n'ẽ peust pretẽdre cause d'ignorãce, & d'aller trouuer les Prelats, Gentils-hommes, & Vassaux residents audit Bailliage, & leur faire ostension, tant de la coppie dudict mandement que de nosdittes lettres de commission, & renuoyer leur besongné au Greffe dudict Bailliage iours apres autres ce qu'ils auroient faictr.

ET n'ayant son Altesse pour empeschemens qu'elle auoit, peu arriuer audit Sainct-Mihiel que le vingt sixiesme dudit mois au giste : l'assemblée desdits Estats n'auroit peu estre faicte, sinon qu'au lendemain vingt-septiesme dudict mois. Auquel iour vingt-septiesme estants lesdicts Estats assemblez en l'Auditoire des causes dudit Sainct-Mihiel. Nous aurions faict appeller hautement par nostre Greffier, les Prelats & autres personnes Ecclesiastiques, Gentishommes. Vassaux, & autres personnes Nobles, Cōme aussi les Commũautez des Villes, & Villages dudict Bailliage lesquels seroient comparus. Sçauoir pour l'Estat Ecclesiastique, Illustrissime & Reuerendissime Prince, Monseigneur Erric de Lorraine, Euesque & Comte de Verdun, Prince du Sainct Empire, Abbé de S. Vannes audit Verdun, pour les terres, Seigneuries, & autres biẽs qu'il a audit Bailliage, à cause de sesdittes Euesché & Abbaye, par Noble Gœury Marionnel son Aduocat ez Cours dudict S. Mihiel. Les Sieurs Primat. Doyens, Chanoines, & Chapitre de l'insigne Eglise de nostre Dame de Nãcy, Primatialle de Lorraine, ayante l'Abbaye de S. Martin annexée pour leur signeurie d'Ancy lez Sogne, & autres terres & biens qu'ils ont audict Bailliage, par Messire Anthoine de Lenoncourt Abbé de Beaupré, & Doyen de ladicte Eglise, Conseiller d'Estat de son Alzesse. Les Venerables Abbé & Couuēt de l'Abbaye de S. Mihiel , par domp Claude François Prieur, & Domp Pierre Rozette, Prestre & Religieux en icelle. Noble & Religieuse persōne Dōp René Merlin, Prieur Commendataire de Hareuille, & Preuost en ladicte Abbaye en personne. Les Venerables Abbé & Couuent de S. Piermont, par Messire Iean Francquin Religieux en icelle. Les Venerables Abbé, & Religieux, & Couuēt de nostre Dame de Rangeuaux, par maistre Christofle Drappier Aduocat ez Cours dudit S, Mihiel Les Venerables Abbé, Religieux, & Couuent de S. Humbert en Ardennes à cause de leur Seigneurie de Moulin, & autres biens qu'ils ont audict Bailliage, par bon Thomas leur Receueur audict Moulin. Reuerende & honorée Dame Catherine de Lenōcourt, Abbesse & Dame de Iuuigny, par Pierre Garlache son Officier audit lieu. Les Venerables Doyen, Chanoines, & Chapitres de l'Eglise Collegiatte saincte Agathe de Lōguion, par ledit Marionnel. Les Venerables Preuosts, Chanoines, & Chapitre de l'Eglise Collegiatte saincte Croix du Pont-à-Mousson, par Messire François Laigney Bachelier formé en saincte Theologie, & Chanoine en icelle, Les Venerables Prieur, & Religieux des Prieurez de Cons & de Sancy, par ledit bō

Thomas. Les Venerables Prieur Religieux, & Conuent des Giroüets, par maistre Christofle l'hoste Aduocat és Cours dudit S. Mihel. Venerables persõnes Messire Henry Godier Prestre Curé de Dun, & de Milly. Messire Charles Tauerguin Prestre Curé des grands & petits Clerys, & de Doulcõ. Messire Nicol Pognon Curé de Montigny Messire Iean Moüart Curé de Mont & Saffey , & Messire Claude Raux Curé de Muruault, par Droüet Geoffroy praticien demeurant audit Dun. Les sieurs Curez de Louppy aux deux Chasteaux, & de Iuuigny, par Iean Briart Officier audit Louppy. Messire Christofle Arnould, Curé de Viuier, par ledit Marionnel. Messire Demége Ienin Curé de S. Germain sieur foncier dudict lieu en personne. Messire Nicolas Connel Prestre Curé de Domp-germain, par ledit Darppier. Messire Iacques de Fer Curé de Vvinuille en personne. ET POVR L'ESTAT DE LA NOBLESSE sont comparus Haut & puissant Prince, Mõseigneur François de Lorraine, Comte de Vaudemont, & de Salm, Baron de Viuier, &c. à cause de sadite Baronnie de Viuier, & autres terres & Seigneuries qu'il a audit Bailliage, par ledit Mariõnel son Procureur. Illustrissime & Reuerendissime Prince mondict Seigneur Errie de Lorraine Euesque & Comte de Verdun, tant en son nom comme Seigneur des Keures, que comme Tuteur de Messeigneurs les Comtes de Chaligny ses Nepueux, aussi Seigneurs desdittes Keures, par maiſtre Chriſtofle l'Hoſte Aduocat es Cours dudit ſaint Mihiel, & leur Procureur d'Office és Preuoſté, terre & Seigneurie deſdittes Keures. Haut & puiſſant Seigneur Meſſire Ferdinand Gabriel de Madruche, Comte d'Auy, Baron de Baufroymont, à cauſe de ſa ditte Baronnie, par Nicolas Robert ſon Receueur en icelle. Haute & puiſſante Dame Chreſtienne Daguerre, Comteſſe de Saulx, Baronne de Vienne le Chaſtel, Dame de Sãpigny à cauſe de ſa Seigneurie dudit Sampigny, par maiſtre Collignon Ioly Aduocat eſdittes Cours, & ſon Preuoſt audit Sampigny. Honoré Seigneur Iean des Pourcelets, Baron du S. Empire, Conſeiller d'Eſtat de ſon Alteſſe, Mareſchal de Barrois, Seigneur de Maillanne, Geſainuille, Geſaincourt, Troyõ, la Croix ſur Meuze en partie, &c, en perſonne. Honoré Seigneurs Iean du Chaſtellet, Baron des Thons, Conſeiller d'Eſtat de ſaditte Alteze, Mareſchal de Lorraine, & chef des finances de Lorraine & Barrois, & Chriſtofle Baron de Chrehãges, auſſi Conſeiller d'Eſtat de ſaditte Alteſſe, Bailly d'Allemagne, Seigneurs d'Andeu, Valleroy, &c. par ledit Seigneur des Thons, & honorée Dame Catherine Barronne de Malberg, auſſi Dame deſdits Andeu & Valleroy, par Noble Maiſtre Charles Barrois Aduocat eſdittes Cours de Sainct-Mihiel. Honoré Seigneur Regnaud de Gournay, Seigneur de Villers, Marcheuille, Ginecourt, &c. Conſeiller d'Eſtat, & Chãbelan de ſon Alteſſe, chef de ſon Conſeil, Bailly de Nãcy. Reuerẽds & honorez ſeigneurs meſſire Anthoine de Lenõcourt, Abbè de Beaupré, Conſeiller d'eſtat de ſaditte Alteſſe, Seigneur de Rechicourt à cauſe de ſaditte ſeigneurie de Richecourt en perſonne. Meſſire Iean des Porcelets. Protonotaire du ſainct Siege Apoſtolique, ſeigneur de Guſſainuille à cauſe de ſaditte ſeigneurie de Guſſaiuille, par Noble hõme Iean Iobal. Honorez ſeigneurs Louys de Cuſtine, Baron de Cons, ſeigneur de Villy, Conſeiller d'Eſtat de ſaditte Alteze, Capitaine de Longvvy. Simon de Poully, ſieur d'Eſne, Louppy au deux chaſteaux, auſſi Conſeiller d'Eſtat, & Chambelan de ſaditte Alteſſe, Gouuerneur des Ville & Citadelle de Sathenay. Charles de Boteillier ſeigneur de Bouuigny, Mouſſy, Boulanges, &c. auſſi Cõſeiller d'Eſtat de ſaditte Alteſſe, & Capitaine de Preney. Charles de Rouſſy ſieur de Chaſtel, Siury en Vvoipure, Maruesin, Brouſſey, Raulecourt en partie, auſſi Cõſeiller d'Eſtat de ſon Alteſſe tous en perſonnes. Honoré Seigneur André des Porcelets, Baron du ſainct Empire, auſſi Conſeiller d'Eſtat de ſon Alteſſe, Bailly de l'Eueſché de Metz, Seigneur de Ville au val, Saincte Marie, & Lixieres, par ledit Iobal. Honoré ſeigneurs Hans Graffe de Millandouclz, Baron de Peſche, Seigneur de Broüaines, à cauſe de ſadite ſeigneurie de Broüaines. Peter Erneſt de Mercy, ſieur de Mandres lez Chaſtillõ. Ionatas du Haultoy Seigneur de Vaudoncourt, la Follie, & Goraincourt en partie, Henry de Beaude Beauuau, Baron & Seigneur dudit lieu, Manonuille, Domepure, &c. Gaspar de la Haye, Baron de Cons, Seigneur de belle Fontaine. André de Lâdres Baron de Fontoy, Seigneur de Ficquelmont, &c. Louys de Lisseras Seigneur de Basseruille, Anderny en partie, &c. Robert de ficquelmont Seigneur dudit lieu, Moustier, Malatour, &c. Châbellan de S. A. Balthazar de Mouzay sieur de Luzy en partie. Iacques de Mouzay sieur de Boulain, & la Neufuille en partie. Nicolas de Gourcy sieur duditlieu. Bernard de la Tour sieur de Iandelize, Puxe, &c. René de Stainuille sieur de Sorcy & S Martin en par partie. René de sainct Vincêt, Seigneur d'Aulnoy & Vertuzey, Claude de Fuligny, sieur dudict lieu, Bouch en partie. Claude de sainct Baussam, sieur dudit lieu. Nicolas de Gennes, sieur de Felin & Chastel en partie. Robert du Mayer, sieur du Mougon. François de Dombasle, sieur Dinor en partie. Blaise du Mont, sieur de Sart de Trieux. Anthoine de Goussy, sieur de Charrey, aussi tous en personnes. Honorez Seigneur Iean Federic du Haultoy, sieur de Clemery, par le Sieur de Nubecourt son Pere. Adam de Custine, sieur de Guermanges, Villemont, &c. à cause de saditte Seigneurie de Villemont, & Iean Hartzard d'Antel, sieur de Tiercelet, &c. par ledit sieur de Villy. Louys de Vigneulle, sieur du Mesnil la Tour, & Dompgermain en partie, pat Iean Feron. claude de sainct Vincent, sieur de Sorcy, &S. Martin en partie, par le sieur Philbert de S Vincẽt sõ Fils. Paul des Armoises Seigneur de Harnõcelle, & Rãbercourt sur Mads, &c. par le sieur Nicolas des Armoises. Guillaume de Tige, sieur de Pouru, & des grand & petit Faillys, par Nicolas de Tige son Fils. Iean & Pierre de la fontaine, & Gaspard de l'escamoussier, Seigneur de Sorbey, par ledit Pierre de la Fontaine, Seigneur de Choppey. Nicolas de Housse, sieur de Fermont, par ledict sieur de Choppey. Les Seigneurs & Dame de Bassõpierre, par Perin de la Hausse Escuyer leur Officier audit lieu. Honorée Dame Claude De Fresneau, vefue de defunct honoré Seigneur Loys Iean de Lenoncourt viuant seigneur de Serre, Dame de Pierefort, Trougnon, &c par Mengeot Colas son procureur d'Office en la Preuosté dudit Trougnon. Honorées Dames, Anne & Blanche de Landres, Dames d'Auillers, & Haueourt, &c. par ledit sieur Ionatas du Haultoy. Charles de S. Baussam, sieur dudit lieu demeurant à Essey en Vvoipure, par ledit sieur Claude de S. Baussam son Pere. Iean Henry de Crisinich, sieur de Lesse, par Noble Gilles Theuenin aduocat esdittes Cours. Nicolas de la Cour, sieur de la Briere. Damoiselle Betrix de Gratinot, vefue de feu Claude de Craisne viuant sieur de Iupille. Nicolas du Moulx, sieur d'Artaise & du Viuier. Bernardin de S. Baussam, sieur d'Imonuille Henry de Mouzay, sieur de Cunel & du grand Clery en partie, par ledit sieur de Mougon.

Pierre d'Orey, ſieur de la Neufuille & Pouilly en partie. Iean & Ferry de Herbemont, ſieur de Charmoy en partie, par Noble Nicolas Gondrecourt Aduocat ez Cours dudit S. Mihiel. Albert d'Orey, ſieur d'Inor en partie, par ledit Barrois. Philippe de Mouzay, ſieur de la Magdelaine, par Nicolas du Moulin. Iean & François de Gorcy, ſieurs dudit lieu, Vachemont & Colmey en partie. Claude Cuſtine, ſieur du Viuier en partie. François du Mont, ſieur de la Bar, par Noble Iean Maris Aduocat eſdittes Cours. Iean Michel, ſieur hault Iuſticier moyen & bas de Flabeuille. Iean de Vaubecourt Eſcuyer, ſieur d'Ourche en partie & du Muty. Medard de Voiſeul, ſieur dudict lieu, Saulme de Burguigueuille, à cauſe d'vne maiſon qu'il tien à Pajny derriere Barine, nõmée dudit nom de Voyſeul, Dauid de puix Eſcuyer, ſieur de Bouch en partie. Noel l'Hoſte, ſieur du Iard. Adrian de Sarencier Eſcuyer, ſieur de lõg-buiſſon Mareſchal des Logis de ſon Alteſſ. René de Mircourt Eſcuyer demeurant à Eſſey en Vvoipure. Iẽ de Lucy ſieur de Pilleniteu, & Gommery en partie, en perſonnes. André de Lucy Cheuallier, ſieur de Vvoipure & deſdits Pilleniteu & Gommery en partie, par ledit Iean de Lucy. Iean Chriſtofle de Briſſey, & Federic de Briſſey ſieurs de Gybommey en partie, par Claude Guillaume ſieur Procureur d'Office audit lieu, Chriſtofle de la Cour, ſieur de Ville-ſur-Yron, & de la Ville aux Preys en partie,

Par Arnould de la Cour son Nepueu. Michel de Billard, sieur de Salin, Capitaine de Conflãs, Iean Bertignon Escuyer Preuost de Dun, & Noble homme Nicolas Vvillermin Preuost de Foug en personnes. Louys Ligier Escuyer, Gruyer & Receueur de Dũ, par ledit sieur de Mougon. Richer Boucard Preuost, Gruyer, & Receueur de de Longuion, & Fery Boucard Escuyer, sieur de Colmey en partie, par ledict Marionnel. Et Noble homme Nicolas Hũbert Preuost de Keures, par ledit Maistre Christofle l'Hoste. ET POVR LA PART DV TIERS ESTAT, ont comparu, SÇAVOIR, les Habitans & Communauté de la Ville de S. Mihiel, par Federic de la Reauté Escuyer, l'vn des Syndic & Gouuerneurs de laditte Ville Les habitans & Communauté de la Ville & Cité du Pont-à-Mousson, par Noble Nicolas Mauljean maistre Escheuin, & Abraham Mareschal l'vn des sept iurez en la iustice dudit lieu. Les habitans & commuauté de la Ville d'Estain, par Iean Bracõnier, Lieutenant de Mayeur, Iacquemin Henzelot escheuin, & Didier Perin Greffier en la Iustice dudict lieu. Les habitans & communauté de la Ville de Sathenay, & du Village de Mouzay, par Pierre Hazard mayeur dudit Sathenay. Les habitans & Communauté de la Ville de Dun, & des Villages de Doulcon, le petit Clery, Mout, Saffey, Muruault, Lyon, & Milly, par Drouot Geoffroy. Les habitans & cõmunautés de Longuyõ, du ban de Viuier, & des Villages d'Espiez, du petit Siuery, Colmez, & Othe, par ledit Marionnel Les habitans & communauté de la Ville de Briey, Iean Bajeron Lieutenant en la Preuosté dudit lieu. Les habitans & cõmunauté de Sancy, par Nobre leã Gillet Aduocat esdittes Cours. Les habitans & communauté de la Ville de Longvvy, par Pierre de Landres. Les habitans & communauté de la Ville de Foug, & des villages de Pargny, Cholloy, Lay, & Neufuille, par ledit Vvillermin Preuost dudit Foug Les habitans & communauté de Beaufroymont, Gendreuille, Medonuille, Malaincourt, & Vruille, par Nicolas Robert, & Anthoine Ferry. Les habitans d'Acraignes, Par Ieã Baudouin. Les habitans de Germiny, par Thiery Hanus. Les habitans & communauté de Sorcy, & S Martin, par Estienne Pasquet. Les habitãs de Ioy sous les costes, pour la part de son Altesse, par Ieã Caillot Mayaur, & Didier Rollet Greffier audit lieu, pour la part du sieur de S. Vincent, par Iean Garnier, & pour la part du sieur Richard, par Michel Claudin. Les habitans de S. Germain par Claude Florentin mayeur. Ceux d'Aulnoy & Vertuzey, par Didier Roussel, & Christofle Parisos. Ceux de de Bouch, par Didier Laurent, & Anthoine Bouthe. Ceux de Cotgneuille, par Gerard Moreau mayeur dudit lieu Ceux de Gibommeix, par Michel Colin aussi mayeur dudict lieu Les manans & habitãs de Iupille, par ledit sieur de Mougon. Ceux de Cunel, par Noble Iacob Rou et Aduocat esdites Cours. Ceux d'Esne par Morel Pillemant, ceux de Villesne par Berthellemin le Mareschal : ceux de Montigny par Christofle Pasqiuer: ceux de Moulin par bon Thomas : ceux de Charny par ledit Gondrecourt. Les habitans & cõmunauté des villages de Broüaines, & de Chasteau-Brehain, & de S. Mansuid, par ledit Theuenin. Les habitans de Iuuigny, & de Han, par Pierre Garlache, & Ieã Briart Officiers, desdits lieux: ceux de Louppy aux deux Chasteau, de Quincy, & de Remouauille, par ledit Briart Officier audit Louppy: ceux d'Iry le sec par ledit Garlache : ceux de Vileppe par Simõ Briart. Les habitans de Giuty par ledit sieur Robert de Ficquemont. Les habitans de Cons, du grand Failly, & de Cosne, par ledit Seigneur du Filly, Baron dudit Cons, & Seigneur desdits lieux en partie. Les habitans de Sorbé par ledit sieur de Choppey: ceux de Flabeuille par ledit sieur Iean Michel, Seigneur dudit lieu. Les habitans & communautés des villages de la Mairie de la Montagne, par Iacques le Canart leur mayeur. Les habitans & communautez de Rõbas, par Anthoine Arnould mayeur pour son Altesse esdits lieux. Les habitãs des Barroches deuãt Briey par Iean Bertrand. Les habitans & communautez de Mary, Anoux, Ticquequeux, Mansiculle Bonuillers, & Amelz. par Dominicque Piercel Les habitãs de Richecourt par Martin le Seigneur : ceux de Villers la Montaigne, & de Martin Fontaine, par Gillet

Maul-jean: ceux de Circourt, & de Dommery, par Nicolas Laurent mayeur desdits lieux. Les habitans de Xiuri le franc par Gueury Michet mayeur: ceux de Ville-sur-Yron par Nicolas le beau: ceux de Iandelize, par maistre Iacques Manchette Aduocat esdittes Cours, ceux de Gesainuille par ledit Iobal, ceux de Rogeuille & Villers en Hey, par Mr. Arnould Maul-jean, ceux de Grisecourt par François Lagnei: ceux de Minonuille & de Dompierre, par Didier Thomas. Les habitans & cōmunauté Dessey en Vvoipure, par George Ioly mayeur dudict lieu, ceux de Vvinuille, par François le petit Collot: ceux de Buxerulles & Vvarneuille, par Didier le Rouyer. Les habitans & communauté des Keures, Billey & Courcelles aux Bois, par ledit Mr. Christofle l'Hoste: ceux de Han sur Meuze & Basseittes, par Noel Chaligot, ceux d'Alliez, par Iean Ferry. Les habitans & Communauté de Mescrines par Dieudonné Dauion, & Didier Rollin: ceux de Lōgchamps, par Ieā Mouzin mayeur pour sō Altesse audit lieu: ceux de Courouure, & de la Heymeix, par ledit Rouyer. Et ceux de Croix sur Meuze, par forain Collignon.

CE faict apres que le Procureur General de Barrois à remostré & fait entendre hautement les causes, occasiōs, & subject de la cōuocation & assēblée desdits Estats. Novs auons iceluy ce requerant octroyé Deffaut cōtre le nō cōparans, pour le prouffict duquel. Nous auons dict & ordonné qu'elle seroit nonobstãt leur absence passé outre à la reueuë des articles des Coustumes dudit Bailliage. A l'effect & pour l'execution du mandement susdit de S. A. du cinquiesme dudit mois de Septẽbre, pour y estre adiousté ou diminué, ou y donner par elle telle interpretation qu'il luy plairoit: Apres qu'elle aura entendu les propositions & Requestes desdits Estats. Ayant neantmoins ledit Procureur protesté de nullité contre tout ce que seroit qroposé au preiudice des droicts de sadit te Altesse, & de ses Edits & Ordonnances. A quoy ledit Seigneur de Maillanne, Mareschal de Barrois, à respondu pour & au nõ desdits Estats, qu'ils n'entendoient en rien prejudicier aux Edits & Ordonnances de sadittе Altesse: ny rien proposer contre ses droits & authorités, ny pareillemẽt resouldre, conclure, & arrester chose aucune sur le faict des Coustumes dudit Bailliage ou reiglement de la iustice, que par le bon plaisir de sadittе Altesse, & de son Authorité, apres que le tout luy aura esté representé en son conseil, & qu'elle y aura ordõné.

CE faict les gens de l'Estat Ecclsiastique, & de celuy de la Noblesse, pour obuier à vne confusiõ ont choisi: SÇAVOIR, pour l'Estat Ecclesiastique lesdits Domp-René Merlin Prieur de Hareuille, & Preuost en ladicte Abbaye de S. Mihiel. Messire François Lagny Bachelier formé en saincte Theologie, & Chanoine en l'Eglise collegiatte de saincte

Croix

Croix du Pont-à-Mouſſon. Et Meſſire Iean Frãcquin Religieux en l'Abbaye de S. Piere-mont.

Et pour l'Eſtat de la Nobleſſe, l'eſdits Sieurs Louys de Cuſtine, Baron de Cons, Seigneur de Villy, Cõſeiller d'Eſtat de ſaditte Alteſſe, & Capitaine de Longvvy : Charles le Boutillier, Seigneur de Bouuigny, Mouſſy, Bolanges, &c. Conſeiller d'Eſtat de ſaditte Alteſſe & Cappitaine de Preny : Et Pierre de la Fontaine, Seigneur de Choppey, Sorbé, &c. pour receuoir les articles qui ſeroiẽt preſentez de la part de l'Eſtat Eccleſiaſtique, & de celuy de la Nobleſſe, les voir & examiner, & les rapporter le lendemain à l'aſſemblée.

Et les gens du tiers Eſtat, ont choiſi & nommé Noble Iean Maras, Nicolas Gondrecourt, & Federic de la Reauté Eſcuyer, Aduocats ez Cours dudict S. Mihiel, pour ſeulement receuoir les articles qui ſeroient propoſées par l'Eſtat Eccleſiaſtique, & celui de la Nobleſſe, ſans toutesfois qu'ils peuſſent, & leur fuſt loiſible reſouldre aucune choſe ſur iceux, que premierement ils ne fuſſent communiquez aux Deputez des Villes & Communautez qui ſ'eſtoiẽt preſentez en laditte aſſemblée.

Declarans leſdits du tiers Eſtats, qu'ils n'auoient riẽ à propoſer contre les couſtumes dudict Bailliage, & les Ordonnances fittes ſur le ſtil & reiglement de la Iuſtice, homologuées par ſon Alteſſe. Neantmoins s'il plaiſt à ſaditte Alteſſe y adiouſter, diminuer, ou changer quelque chose, ilz ny trouuoient à redire.

ET le vingt neufuiesme dudit mois de septembre, lesdirs Estats estãt de rechef assemblé audit Auditoire, lesdits Sieurs de Villy, de Bouuigny, & de Choppey, ont rapporté les Aarricles qui leur auoient esté mis és mains, & par eux examinez, dõt lecture auroit esté faitte hautement : Et sur-ce auroit esté conclud qu'elle seroient par eux presentez à S. A. (auec supplications tres-humble) qu'il luy pleust les receuoir, & declarer sur iceux sa volonté.

ET les premier & troisiesme iours du mois d'Octobre suiuãt, és assemblées desdits Estats faittes esdit iours en l'Auditoire susdits : lesdits Sieurs de Villy, de Bouuigny, & de Choppey, Deputez de l'Estat de la Noblesse, on rapporté les responces que S. A. auoit faict par escrit, sur lesdits Articles qu'ils leur auoient presenté, contenantes icelles repõces ce que s'ensuit.

ARTICLE ADIOVSTEES

AVX COVSTVMES DV BAILLIAGE DE *S. Mihiel, selon qu'il ont asté resouds & accordez par de tres-heureuse memoire S. A. defuncte, & de l'aduen & consentement des Estats Generaux, conuocquez & tenus en laditte Ville, l'An Mil six cens & sept: Et depuis homologuez par S. A. regnante, en son Conseil le vingt-troisiesme Iuillet, Mil six cens & neuf,*

HENRY par la grace de Dieu, Duc de Lorraine, Marchis, Duc de Calabre, Bar, Gueldres, Marquis du Pont à Mousson, Comte de Prouence, Vaudemont, Blamont, Zutphen, &c. A tous presens & à venir, SALVT, Sur diuerses remonstrances, requestes & supplicatiōs des Gēs des trois Estats de nostre Bailliage de S Mihiel, à ce qu'il pleust à l'Altesse de feu nostre tres-honoré Seigneur & Pere, (que Dieu absolue) ouyr en plusieurs faicts qu'ils auoiēt à luy representer, pour l'esclaircissement de quelques Articles du cayer des Coustumes, tant ancienne, que pretenduës nouuelles, depuis quelques années en çà, redigées par escrit de sa permission & auhorité, depuis homologuées & mises sous la presse, & y ordonner ce qu'il verroit estre iuste & raisonnable, pour la conseruation des droicts d'vn chacun, & aduancement de la Iustice : Lequel ayãs à ses fins faict assembler au lieu dudict sainct-Mihiel lesdicts trois Estats, & s'y trouuer à la giste au vingt sixiesme iour du mois de Septembre, Mil six cens & sept. Apres auoir veu les remonstrances, requestes & supplications, qu'à diuerses iours reprinses luy auroient esté faictes, & representées par les Commis desdits Estats, il auroit Edict, statué, & ordonné, par ampliation & interpretation ce que s'ensuit.

DES TVTEVRS, ET CVRATEVRS.

ARTICLE. I.

QVE les Seigneurs haut Iusticiers, ou Officiers en leurs hautes Iustices, ne pourront d'oresnauant estre preuenus par le Bailly ou son Lieutenant en la creation des Tutelles, & Curatelles des subjets de leursdittes hautes Iustices, qu'apres la huictaine de l'escheãce d'icelles, celles des personnes Nobles en tous cas demeurant à la congnoiſſance dudiɑ̃ Bailly, & de ſondiɑ̃ Lieutenant.

DES DENOMBREMENT.

ARTICLE II.

QVE les Denombremens vne fois d'heuëment verifiez, le Procureur General de Barrois, & les ſubjects ou autres y ayans interreſts, appellez & ouys en ce que les touchera, feront preuue cõtre ceux auec qui ils auront eſtez verifiez, ſaulf la preſcriptiõ à qui pourroient l'auoir depuis acquis

---

DES IECTS, ET COLLECTES.

ARTICLE. III.

QV'EN ce que par vne article deſdittes Couſtumes, eſt interdits aux ſubjects de s'aſſembler faire Iects, Collectes, ny paſſer Procuration, ſans la permiſſion de leurs Seigneurs : Entendons ceſte interdictiõ deuoir ceſſer, ſi les affaires (pour leſquelz leſdits ſubjects voudront s'aſſembler) ſont contre leſdits Seigneurs ou leurſdits Officiers : Auquel cas voulons le choix demeurer auſdits ſubjects de s'addreſſer audit Bailly ou ſondict Lieutenant.

DES SENENCES ET IVGEMENT.

ARTICLE IIII.

QVE les Preuosts & Mayeurs, tant de sadicte Altesse, que des hauts Iusticiers, ayans iugé leurs Sentences & iugemens, seront executoire par par nantissement des sommes adiugées, n'excedantes vingt-cinq frans, moyennant caution suffisante de la restitution d'icelles aux condamnez s'il y eschet, & ce nonobstante opposition, ou appellation, & sans preiudice d'icelles, & sous l'imitation: Est accordé que l'article quarante quatriesme des Ordonnances faictes sur le stile & reiglement de la Iustice, audict Bailliage sera obserué de point en point.

DES PREVVES.

ARTICLE V.

QVE les parties admises à prouuer, ne seront ouyes par serment, comme sur faicts pertinents à requeste, l'vn de l'autre.

DES APPELLATIONS

ARTICLE VI.

QVE s'il y a appel des Officiers des Seigneurs hauts Iusticiers, & que par apres l'appellant obtienne Decret de son Altesse, portant commutatiō de l'appel en opposition : le Bailly ou son Lieutenant ne pourra tenir la cognoissance de ladicte opposition, ains sera tenu de renuoyer les parties par deuāt les Officiers desdits Seigneurs hauts Iusticiers, pour proceder sur ladicte oppsitiõ, soit que le réuoye soit demandé ou non.

DES ENQVESTE.
ARTICLE VII.

QV'IL sera permis en faict d'enquestes aux parties appointées à prouuer, d'articuler les circõstances des faicts posez ez escriptures, affin d'en faciliter au Iuge les interrogats qu'il deura & pourra faire aux tesmoings.

DES INSTRCTIONS DE PROCEZ.
ARTICLE VIII.

QVE les Instructions des Procez, & declarations de despens ne se feront plus par les Greffiers, s'ils n'en sont requis expressement par les parties, à la liberté desquelles demeurera d'employer à faire lesdittes declarations de despens, leurs Aduocats ou le Greffier,

DES ASSISES
ARTICLE IX.

ET en outre declaré & ordonné, que les assises d'lieues par ceux qui ont charruës pour les bestes trayantes esdittes charruës, sont redebuables, ez prestations reelles, & non personnelles.

DES PASSATIONS DES CONTRATS.
ARTICLE X.

DEclaré aussi que par son Ordonnance du premier iour de Mars, Mil six cens & cinq, touchãt le faict de la passation des Contracts, elle n'auoit entendu & n'entẽdoit auoir derogé au droict de ceux qui ont Arches, Tabellionnage particuliers.

DES COMMVNICATION D'ENQVESTES.
ARTICLE XI.

QV'il y aura communication d'enquestes ez Sieges des Bailliage, & autres inferieurs seulemẽt, apres les reproches & saluations fournies.

ET pour-ce qu'auparauant nostredict tres-honoré Seigneur & Pere, ait faict expedier ces lettres Patentes,, & authẽtiques à ce conuenables, il auroit pleu à Dieu l'appeller à soy, demeurant icelles non signées de luy: NOVS son successeur à la Couronne Ducale, ayans esté present & assistant à la passation, resolution, & octroy d'iceux Articles, les auõs (ainsi qu'il sont escrit cy dessus) pour no⁹ & nos successeurs, Duc de Bar: loué, confirmé & approuué: loüõs, confirmons, & approuuons: Voulons & nous plaist tout le cõtenu en iceux, sortir en son plain & entier effect. MANDONS & ordonnons à nostre tres-chers

& feaulx

& feaux les President, & Gens tenans la Cour souueraine des grands-Iours dudict S. Mihiel, Bally, Preuost dudict lieu, Procureur General de Barrois, Mayeurs au Bailliage dudict S. Mihiel leurs Lieutenans, Substituts, & autres noz Officiers qu'il appartiendra faire chacun à leur endroict, effectuer & entretenir lesdittes Articles, selon leur cõtenu, forme & teneur, sans permettre y estre faict aucun empeschement au contraire, car ainsi nous plaist. En tesmoing dequoy, nous auons à ces presentes signées de nostre main, & contresignées par l'vn de nos Secraitaire d'Estats commandemens & finances, faict mettre & appendre nostre grand seel: Que furent faictes & données en nostre Ville de Nãcy le vingttroisiesme iour de Iuillet, Mil six cens & neuf.

Signé HENRY.

Et sur le reply. Par S. A. Les Sieurs de Maillanne Mareschal de Barrois, de Lenoncour Bailly de sainct Mihiel, de Haroucour, de Magnieres Cappitaine de l'Artillerie, Bardin, & Maluoisin maistres aux Requestes ordinaires. I. Bailliuy, Pistor, & autres presens. Signé. M. Bouuet. *Registrata idem pro* C. Bouuet.

Ce faict & apres que le mesme iour quatriesme d'Octobre, tous les Articles cy-dessus ont esté leuës hautement par le Grffieer en ladicte assemblée : l'Estat á esté conclud & arresté, auec charges ausdits sieurs Deputez, de remercier tres-humblement saditte Altesse, de ce qu'il luy auoit pleu accorder lesdites Articles: Et à ledict Procureur General protesté que les qualitez prinses en c'est Estat, tant au present Procés Verbal, qu'aux presentotiõ faittes par plusieurs Seigneurs, & Gentils-hõmes, ne pourront prejudicier à saditte Altesse. En foy & tesmoignage de tout ce que dessus: Nous Bailly susdict, auons auec nostre Greffier soussigné le present Procés Verbal. Faict les iour & an que dessus.

ET le cinquiesme iour de de Nouembre, Mil six cens & neuf La Cour souueraine, & Parlement de Sainct-Mihiel seante en Iugement à l'Audiance de causes ordinaires d'icelle. Le Procureur General de Barrois comparant par Maistre Ferry d'Acourt son Substituts, à presenté les lettres patentes de son Altesse nostre souuerain Seigneur, données audit Nancy le ving troisiesme iour du mois de Iuillet, Mil six cens neuf, d'autrepart escrittes touchant l'interpretation, & ampliation d'aucune Articles du cayer des Coustumes dudit Bailliage de sainct-Mihiel: Et d'icelles requis la publication, insinuation, & enregistrement aux Registres ordinaires des causes de laditte Cour. Surquoy laditte Cour octroyant audit Procureur ces Requestes, à faict publier lesdictes lettres, & ordonné qu'elle seront insinuées, & enregistrées fidellement aux registres des causes ordinaires d'icelle, pour y auoir recours & & quand mestier sera.

Par la Cour.

N. GALLYOT.

FIN,

TABLE. DES TILTRES DES COVSTVMES DV BAILLIAGE DE SAINCT-MIHIEL.

TABLE DES TILTRES, SVR LES TILE & reiglement de la Iustice.

TABLE
DES NOVVELLES ARTICLES Adiouſtées aux Couſtumes.

FIN DES TABLES.

www.ingramcontent.com/pod-product-compliance
Ingram Content Group UK Ltd.
Pitfield, Milton Keynes, MK11 3LW, UK
UKHW020550180726
13838UKWH00001B/162

9 782329 454597